大学外语教学的多视角

杨　俊◎著

文化发展出版社
Cultural Development Press
·北京·

图书在版编目（CIP）数据

大学外语教学的多视角探索 / 杨俊著 . -- 北京 : 文化发展出版社，2024. 9. -- ISBN 978-7-5142-4472-4

Ⅰ. H09

中国国家版本馆 CIP 数据核字第 202490MT20 号

大学外语教学的多视角探索

杨　俊　著

责任编辑：岳智勇　　责任校对：侯　娜

责任印制：邓辉明　　封面设计：守正文化

出版发行：文化发展出版社（北京市翠微路 2 号　邮编：100036）

网　　址：www.wenhuafazhan.com

经　　销：全国新华书店

印　　刷：天津和萱印刷有限公司

开　　本：710mm × 1000mm　1/16

字　　数：200 千字

印　　张：10.75

版　　次：2025 年 3 月第 1 版

印　　次：2025 年 3 月第 1 次印刷

定　　价：72.00 元

I S B N：978-7-5142-4472-4

前 言

在当今经济全球化的时代，外语教育的重要性日益凸显。随着国际交流的不断加深和扩大，掌握外语不仅是一种实用技能，也是通向不同文化和思维方式的窗户，还是实现个人发展和全球交流的关键。在经济全球化的背景下，语言已不再仅仅是传递信息的工具，还是连接人类思想和情感的桥梁，更是促进文化多样性和相互理解的纽带。当前国际形势下，外语教学正面临新的挑战和机遇。随着经济全球化进程的加快，人们之间的交流和互动变得日益频繁和紧密。外语扮演着连接不同国家和民族的纽带，具有促进跨文化交流和理解的重要作用。通过掌握不同语言，人们能够更好地融入国际社会，拓宽视野，增进与他人的沟通与合作，促进和平发展的进程。外语能力已经成为综合素质的重要组成部分。许多跨国公司和国际组织要求员工具备流利的外语能力，以适应不断变化的商务环境和跨国工作的需求。掌握外语不仅可以提升个人的就业竞争力，还有助于开拓国际市场和拓宽全球视野。因此，外语教育在培养具备国际竞争力的人才方面发挥着重要的作用。除此之外，外语能力还可以促进文化多样性的保护和传承。随着信息技术的发展和社交媒体的普及，人们之间的距离变得更近，但也带来了文化同质化的趋势。在这种情况下，学习外语可以让人们更好地了解和尊重不同的文化传统，保护和传承各国的独特文化遗产，促进文化多样性的繁荣和发展。

本书第一章为大学外语教学理论，分别介绍了建构主义理论与多元智能理论、外语教学中的模糊性、全语言教学理论与语块理论、生态语言学教学理论与自主学习理论；第二章为大学外语教学方法，主要介绍了五个方面的内容，依次是情境教学法与对话教学法、任务型教学法与内容教学法、互动教学与合作教学、翻转课堂、MOOCs 与 SPOC；第三章为跨文化视角下的大学外语教学探索，分别介绍了三个方面的内容，依次是跨文化外语教学理论构建、跨文化视角下的外语教学的特点与原则、跨文化视角下的外语教学策略；第四章为应用语言学视角下的大学外语教学探索，依次介绍了应用语言学综述、应用语言学视角下的大学外语教学、基于应用语言学理论的大学外语教学评价；第五章为生态环境视角下的大学外语教学探索，主要介绍了三个方面的内容，分别是理论基础、生态视角下的大学外语教学环境、大学外语生态教学的环境优化。

在撰写本书的过程中，作者参考了大量的学术文献，得到了许多专家学者的帮助，在此表示真诚的感谢。本书内容系统全面，论述条理清晰、深入浅出，但由于作者水平有限，书中难免有疏漏之处，希望广大读者及时指正。

杨　俊

2024 年 1 月

目录

第一章 大学外语教学理论

本章为大学外语教学理论，分别介绍了建构主义理论与多元智能理论、外语教学中的模糊性、全语言教学理论与语块理论、生态语言学教学理论与自主学习理论。

第一节 建构主义理论与多元智能理论

一、建构主义理论

建构主义心理学理论于20世纪90年代前后在美国兴起，是认知主义理论的进一步发展。认知主义认为知识是由外部直接输入的，是外部事物在学习者大脑中的客观反映，既可以是学习者在具体实践中获得的直接经验，也可以是从课堂教学中获得的间接经验。建构主义认为知识只是对外部事物存在状态的一种解释和假设，是在学习者已有认知结构基础上的主动建构。

（一）理论依据

1. 认知发展理论

（1）发生认识论

瑞士心理学家皮亚杰（Piaget）是发生认识论的创始人，皮亚杰对人的认知发展特征进行了充分研究，形成了认知发展理论。1970年，皮亚杰在《发生认识论原理》一书中提出了发生认识论，对认知形成的过程进行了深入研究。

学习者的认知不是源于主体，也不是源于客体，而是在主、客体之间的相互影响、相互作用的过程中由学习者主动建构形成的。也可以理解为，认知就是在学习者自我意识的控制下自觉运用已有的认知结构和思维图式对来自客体的输入信息进行同化或顺应，从而使主、客体处于一种动态平衡，是一个双向的建构过程，所以学习任务的选择设计要切合学习者的认知水平。

学习者的认知既不是来自学习者先天的遗传，也不是来自对客体的经验知觉。强调学习者的主观能动性在认知过程中所起到的积极作用，认为学习者只有在主动思考时才能获得有意义的建构。对于外部语言输入的刺激，学习者应保持开放、积极的态度，主动在已有认知结构中寻找恰当的同化或顺应方式。作为教师，要积极创造条件帮助学习者建构学习过程。

认知发展可以理解为通过学习者的自我调节和主动建构使学习者的认知结构从原有的平衡状态向更高级的平衡状态进行过渡和转化的过程。当发生新的刺激时就产生了不平衡，然后通过主体和客体的相互作用产生同化或顺应，使认知达到一个新的水平，从而恢复平衡状态。认知发展就是这样一个循环往复的提高过程。

教师应当帮助学习者及时查找、分析学习过程中产生语言错误的深层次原因，学习者改正错误的过程就是一个自我调节、自我平衡的过程，教师要促进学习者及时修正已有的认知结构，不断达到新的自我平衡，不断提高自己的学习能力。

（2）以儿童认知发展为例

皮亚杰运用发生认识论的基本观点和方法对儿童的认知发展过程进行了系统、深入的研究。皮亚杰认为，儿童具备主动构建认知框架的潜力，通过同化和顺应这两个过程推动认知框架的持续发展。同化是指儿童将外部信息内化，并与既有认知结构相融合，使其成为认知体系中不可或缺的一部分。顺应是指由于外部环境发生了明显变化，儿童已有认知结构无法完成对输入信息的同化，主体为了满足外部环境的影响和需求而对已有认知结构进行调整的适应过程。

由此可见，顺应与同化是认知发展过程的不同侧面，同化主要体现了主体对外部输入信息的主动调整，而顺应主要体现了主体对外部输入信息的被动适应，儿童主要通过这两种形式的交替作用来实现与外部环境的动态平衡。具体来说，当儿童能在已有认知结构的基础上去同化输入信息时，说明当前的认知结构处于平衡状态；当已有认知结构不能对输入信息进行同化时，意味着原有的平衡状态被打破，就必须对已有认知结构进行调整，从而达到新的平衡状态。因此，儿童的认知发展是一个持续不断的过程，通过与外部环境的互动不断演化。他们利用同化和顺应的方式逐步建构认知结构，从而逐步完善和提高认知水平。这种循环包括同化外部信息、达到平衡、顺应新情境、再次失衡及实现新平衡。在这个过程中，儿童不断调整认知图式，逐渐适应不断变化的环境，从而实现认知能力的提升。皮亚杰的同化和顺应过程也可以理解为是新的认知结构的建构过程，所以皮亚杰的发生认识论也是建构主义思想的重要理论来源之一。

2. 社会文化理论

社会文化理论是由苏联心理学家和社会文化历史学派的创始人维果茨基(Vygotsky）提出来的。他认为学习过程是在特定的社会文化情境中进行的，社会文化因素对提高学习者的学习能力发挥了十分重要的促进作用。维果茨基的社会文化理论有力地推动了建构主义的形成和发展，其核心概念包括中介、内化、最近发展区等。

（1）中介

人类对于自身心理活动的调节是通过语言、科学、文化等一系列的符号工具作为中介来进行的，其中语言是极其重要的一个符号工具。人类通过使用工具进行劳动完成了从动物到人类的进化，形成了低级心理机能；人类在与他人和社会的互动交往过程中产生并形成了高级心理机能，这是社会文化历史发展的产物。人的认知心理发展就是在语言等中介的直接作用和影响下由低级心理机能逐渐向高级心理机能转化、提升的动态发展过程。

维果茨基在运用中介理论研究教学问题时，进一步提出了日常概念和科学概念。日常概念可以理解为学习者在日常生活的积累中形成的实际生活经验知识，是学习者在学习前就具有的初始认知结构状态。科学概念可以理解为在正规学校教育中学习的学科专业知识，是学习者经过学习后应当达到的认知结构状态。

教学的作用在于通过中介工具的组织协调，在日常概念和科学概念之间建立起相应的联系，从而实现学科专业知识的内化。教学中的中介工具主要包括教学资源、语言学理论、教学理论、教学环境等因素。

（2）内化

个体在与他人和社会的互动交往过程中产生并形成了高级心理机能，这还只是局限在社会交际心理层面。经过多次的重复进行和过程演化，才能由社会交际心理层面延伸到个体内部心理层面，这个转化过程就是内化。

语言学习就是语言知识内化的过程。在内化的进程中需要学习者、教师、教学环境等几个方面因素的密切配合和共同作用。其中，各种形式、各种类型的社会文化环境因素对语言学习起着不可或缺的重要作用。教师在语言教学中要注重创设适宜的学习环境，设计多样化的教学活动，制定符合学习者需求的教学目标，采取合作式的学习组织形式，运用恰当的教学策略，激发学习者学习的主动性、积极性和学习热情，推动语言知识内化的过程。

（3）最近发展区

维果茨基在《社会中的心智：高级心理过程的发展》一书中提出了其社会文

化理论的核心思想，即最近发展区的概念。在学习过程中，学习者要先具有现实的学习能力，这是其通过自主性学习就可以掌握的。同时，学习者在学习过程中要接受教师的指导和帮助，要接受其他学习者的协助和支持，并通过自身的努力达到一个新的高度和潜在能力水平。这两种能力层级之间的差别被界定为最近发展区。

然而，最近发展区并不是静止不变的，学习者在达到新的潜在能力水平之后并不是止步不前，而是要从被动地接受帮助转变为主动地进行探究。学习者要在教学过程中积极主动地与教师进行交流、沟通和互动，积极模仿、汲取和内化教师的教学经验和社会经验，从而将潜在能力水平看作新的现实学习能力，开启一个新的最近发展区，使学习者的学习能力不断从现存的低一级发展水平逐渐地过渡到较高一级的发展水平。

教师应当根据学习者的基础条件和当前能力水平设定一些具有适当难度的学习任务，并在学习过程中提供及时必要的指导以协助学习者跨越当前的最近发展区，创造新的最近发展区，实现更高水平的发展。

（二）主要内容

1. 学习是知识建构的过程

建构主义认为人们对客观世界的理解，有赖于学习者自身的认知结构。由于社会经验、家庭背景、生活经历不同，学习者形成了不同的价值观念和思维方法，对外部世界的认识和理解有着不同的视角，对现实问题的解释有不同的方法和途径，具有较强的主观性。

学习是学习者主动参与、自我塑造认知框架的过程。此过程根植于特定的社会文化土壤，汲取着丰富多样的学习资源，通过与教师及其他学习者的互动、对话、商讨和协作，不断得以深化和拓展。在这个过程中，学习者不断地调整和完善自己的认知结构，从而逐渐适应并融入不断变化的学习环境中。通过与他人的互动和合作，学习者能够获得更多的知识和技能，实现认知水平的提升和进步。具体来说，任何年龄、任何背景的学习者在进行学习前都有自己已有的相关知识，对客观世界都持有自己的看法，有着属于他们自己的知识结构、主观经验和社会文化背景等。这些是他们赖以进行认知建构活动的基础。在接收外部信息的过程中，学习者要发挥主观能动性对外部信息进行选择、消化、整理、吸收，然后与原有知识体系进行比对、分化、融合，从而形成对客观世界新的感知、理解，并在与特定社会文化情境的互动中逐步建构起对客观世界的全新认识，形成新的认知结构以取代原有认知结构。这是一个循环往复和动态发展的过程。

建构主义把基于建构主义理论的学习概括为五个要素。一是情境，学习的环境条件对学习效果有很大影响，有效的教学实践需要以真实的、情境化的学习任务与条件为载体。二是建构，建构就是同化和顺应新知识的过程。当新知识与现有认知结构不相符时，就必须顺应变化，重新建构认知结构。三是关注，内在动机要比外在动机对学习效果的影响更为重要，学习者应充分发展自主学习能力和创新思维能力。四是能力，学习者要注重多元智能的发展，强调学习方法的多样性和学习方式的个性化。五是共同体，共同体是指学习具有社会性、协同性的特点，师生关系、学习者关系、学习条件、环境因素等都会对学习者的学习产生重要的影响。

2．学习者是知识建构的主体

学习过程应以学习者为中心，尊重学习者的个体差异。要充分激发学习者的主观能动性和主体意识，根据学习者的现有知识基础和学习能力，有针对性地采用个性化学习、自主性学习、合作化学习等学习方式，促进学习者认知结构的重新构建。

建构主义强调学习者经验背景的重要性。在学习过程中，即使遇到他们还没有接触过的新问题、新情况，也能够根据平时学习过程中积累的学习经验、遵循一定的逻辑推理顺序和思维判断流程提出解决问题的新方法。因此．在教学过程中，教师要注重引导学习者不断积累学习经验和学习体会，夯实建构的基础。不同的学习者具有不同的经验背景和知识基础，对同一个学习主题往往有着不同的认知视角，教师应当尊重这种差异性，引导学习者彼此交流、沟通、倾听、借鉴、探讨，有利于形成更多元、更丰富的理解。

3．教师是知识建构的引领者

基于建构主义的教师角色与传统教师角色有着极大的差异，教师不再只是知识的传授者、呈现者，而是知识建构的引领者、协助者。教师的主要任务不再只是准备教案，更重要的是科学组织教学过程，积极开发网络信息资源，主动运用现代教育技术，设计开发相关的教学课程，指导学习者的自主学习。所有这些角色的扮演都是为了引导学习者能够更加有效地完成意义建构的过程。

教师角色的转变不是削弱了教师的作用，恰恰相反，建构主义对教师的能力素质提出了更为全面、更为苛刻的要求。教师要在学习内容、策略方法、技能培养、技术运用等各方面给予学习者更有力地帮助。这就要求教师必须不断进行自我反思和自我批判，不断学习新的教学理论，不断丰富教学策略方法，这样才能更好地适应和促进学习者的学习进步。

4. 教学情境是知识建构的条件

知识建构基于特定的社会文化情境。在进行教学设计时，教师应当为学习者创设近似真实的、与实际生活密切相关的、紧扣教学内容和目标的教学情境，使学习者在其中进行感知、尝试、假设、质疑和探索，并通过与教师、其他学习者之间的交流、对话、协作、共享，对外界输入信息进行辨识选择和加工处理，最终完成意义的建构。对学习者来说，建构通常是由一个好的问题来激发的。教师应当以产生于真实情境中的问题为起点，布置具有启发性的教学任务，激发学习者的求知欲和学习兴趣，拓展学习者的创新思维空间，鼓励学习者主动实践、加深理解、深入探究、解决问题、更新认知。

5. 教学评价是知识建构的工具

教学评价的主要任务是帮助学习者完成知识建构，尤其是要培养学习者自主学习、自主管理、自我设计、自主调控以及自我探究等关键能力，促进学习者对学习内容和过程的自我反思。

在教学评价前，教师、学习者以及评价相关各方要进行充分协商，就评价的内容、范围、程序、重点等达成一致。教师和学习者不是单纯的评价与被评价、考核与被考核的关系，而是平等合作、共同促进的关系。建构主义认为，学习者的认知能力是在知识建构的过程中以不同的形式展现出来的。教学评价过程应当与教学过程有机融合、同步进行，这样有利于及时发挥评价结果对学习者的激励、反思和自我调控功能。

二、多元智能理论

受脑科学和其他学科领域的启发，美国哈佛大学教授及知名发展心理学家霍华德·加德纳（Howard Gardner）在其开创性著作——《智能的结构》中，首次系统地阐释了多元智能理论。

加德纳认为，“智能智力具有多元的结构”[①]包括言语／语言、交往／交流、身体／动觉、音乐／节奏、逻辑／数理、自知／自省、视觉／空间、自然观察。这些智能以相对独立的方式存在，不同的学习者在表现形式上呈现出多样性。通过组合、排列和叠加，它们形成了独特的智能类型。因此，每个学习者的智能水平和类型都各具特色。

在教育实践中，必须深刻认识到每个人都是独一无二的存在，拥有各自独特

---

① 加德纳．智能的结构[M]．沈致隆，译．北京：中国纺织出版社有限公司，2022．

的智能结构。只有充分尊重并灵活适应这些差异，才能确保教育达到最佳的效果。多元智能理论有助于教育学家重新认识传统教育中对学习者智能能力的评价方式，深入挖掘学习者身上尚未被发现和重视的潜在智能形式，鼓励学习者积极探索属于自己的成长道路，因而对教育产生了深远的影响。

（一）主要特点

1. 多元评价

中国教育深受英国心理学家斯皮尔曼（Spearman）的智能二因素说的影响，认为智能由一般因素和特殊因素构成，尤其注重培养学习者的言语／语言和逻辑／数理，却忽略了其他智能类型的发掘、发现和发展。教学评价也主要是围绕言语／语言和逻辑／数理展开，并且以智商测试、学科专业测试等完全量化的数据作为评价的主要依据，具有很大的局限性和错误的导向性。

多元智能理论认为，学习者的智能是多元的，八种智能形式同等重要。但由于每个学习者的先天条件、生活环境、教育经历等方面存在极大的差异性，智能形式的发展是不均衡的，也不可能做到完全地同步协调发展。每个学习者都有自己的优势智能形式和独特学习方式，其外在特点往往取决于八种智能形式中比较突出的方面。与传统评价方式相比，多元智能理论更加关注学习者优势智能形式的充分发挥和其他智能形式的协调发展，尤其重视学习者实践能力和创新能力的发展。

根据多元智能理论的观点，每个学习者都拥有巨大的内在潜能。因此，教师在评估学习者时，应摒弃单一的考核标准，以多元化的视角理解学习者，以宽容的心态帮助学习者，以差异化的方法指导学习者，充分尊重每个学习者的个性特点、学习方式和发展方向，以确保全面、准确地评估每位学习者的能力和潜力。

2. 整体发展

八种智能形式各自独立，但它们在实际生活中却紧密地交织在一起，相互作用，共同构成了个体独特的智能图景。这八种智能形式在提升学习者的整体素质方面发挥着至关重要的作用，因此，要高度重视它们之间的整体协调与平衡发展。然而，每个人的智能结构并不是一成不变的，受到外部环境和个体意识的影响，每个人的智能形式都会展现出独特的特色和差异。这种差异体现在不同人智能形式之间的组合和搭配上。因此，教师要充分了解每个学习者的智能特点，根据他们的个性和潜能设计多样化、差异化的教学策略和方法。为了满足这一需求，教师需要提供丰富的教学资源，包括各种教学工具、活动和实践机会。这些资源应该能够激发学习者主动认识、探索、构建自身智能的积极性。通过这样的方式，学习者将能够更好地发掘自身潜能，实现个性化的成长与发展。同时，他们也能够拓宽展示和实现自我的途径，更好地融入社会和实现自我价值。

3. 注重实践

智能的形成和发展是人们在社会实践中进行产品加工、创造的过程，是不断认识、发现新事物的过程，是提高个体在社会生活中的适应能力和生存能力的过程。学习者的智能水平必须在实践中得以锤炼、验证与提升，这是实现个人全面发展的必然要求。通过实践，学习者能够将理论知识转化为实际操作能力，检验自身的智能水平，并发现自身的不足与短板。同时，实践也是提高学习者智能水平的重要途径，只有在实践中不断摸索、总结与反思，才能不断提升自身的智能水平，更好地适应社会的发展需求。因此，要高度重视实践在学习者智能水平提升中的重要作用，积极为学习者提供丰富的实践机会，促进学习者在实践中不断成长与进步。

4. 持续开发

人的多元智能发展是一个复杂而独特的过程，它深受每个人的成长环境、教育背景和个人兴趣等多种因素的影响。因此，多元智能的发展水平并非固定不变，而是随着时间和经验的积累而不断发展和提升的。所有智能形式都具有持续发展的潜力，这意味着每个人都有可能通过适当的训练和激励，在各种智能领域取得显著进步。这种潜力是无限的，它超越了人们对智能的传统定义和认知。教师要向学习者提供切实的激励措施和系统的指导方法，以积极促进学习者多元智能的全面发展。随着多元智能开发程度的提升，学习者的持续发展能力将逐渐增强。这意味着他们不仅能够更好地适应学习和生活中的各种挑战，还能够不断拓展自己的智能领域，实现全面发展。随着多元智能的全面开发，学习者的智能水平将得到显著提升。

（二）基于多元智能理论的教学指导

1. 科学设计教学目标

发展学习者的智能水平能够使个体解决自己所遇到的真正难题或困难，为新知识的获得奠定基础。具体来说，应当将教学目标设定为认知目标和智能发展目标，在认知目标的设定上要符合学习者的认知水平。很多外语教材对于词汇和语法项目在不同阶段有不同层次的要求，在智能发展目标的设定上可以在八种智能形式中选择一种或几种智能形式作为发展的重点。智能发展目标的设定要符合学习者的实际情况和个性特点。教学目标设计时应当将两种目标有机融合起来。

2. 提高学习者的综合素质

智能发展离不开具体的社会环境。要把培养和提高学习者发现和解决现实问题的能力放在核心位置上，而不能仅仅简单地将语言能力的高低或者逻辑思维能力的强弱作为衡量学习者智力水平的唯一依据。因此应当把提高学习者的综合素质作为教学的一个重要方面，鼓励学习者利用多媒体、网络、图书馆等进行主题探索性的研究。教学内容和教学主题的设计应以学习者感兴趣的话题和实际生活经验为基础，建构师生共同认可的教学情境，注重发展和培养学习者跨文化交际的能力，努力为学习者创设实践应用的机会和空间，提高学习者解决真实生活中个人所遇到问题的能力，促进学习者的多元智能得到全面、有效的发展。

3. 实施个性化教学

每个学习者在学习过程中都表现出不同的智能特点，都是以自己独有的方式进行学习的。较高的智能发展水平能够有效提升语言学习能力。反之，语言学习能力的增强也进一步促进了智能水平的发展。

传统的外语教学注重语言知识和技能的学习，在教学方法上机械模仿、重复操练的做法比较普遍，致使一部分学习者对语言知识死记硬背，自主学习能力和创新意识严重缺失，影响了智力水平的提高。多元智能理论要求教师和学习者深入了解和认识自身的智能弱势因素和强势因素，根据对自己智能结构的了解，选择适合自己的思考与学习模式，并加强对智能弱势因素的针对性训练。同时，教师要结合每个学习者的智能水平和类型特点，设计个别化的教学策略，实施有针对性的个性化教学，使所有学习者均得到发展。

4. 运用多元学习策略

情感过滤假说认为学习者的动机、信心、焦虑等情感因素构成了学习者在语言习得过程中的重要心理障碍，形成了对语言信息的过滤作用，使得教学信息无法及时有效地传导到大脑中。

多元智能理论指导下的教学采取多样化的教学策略，注重营造轻松的学习氛围，特别是要充分调动和发挥学习者比较突出的智能形式，激发学习者的自信心，有效减轻学习者的焦虑感，形成主动积极的学习态度。同时，要帮助学习者消除语言习得过程中的心理障碍，减少对语言输入信息的过滤，提高语言输入的数量和质量。

5. 开展真实性教学评价

多元智能理论反对传统的单一评价方式，认为应当在不同的教学情境和具体的现实生活中对学习者进行全过程的、全面的、动态的真实性评价。重点考查学习者解决实际问题的能力，关注学习者在交际活动中的语言运用能力，激励学习者智能水平的全面发展。

开展真实性教学评价要从以下三个方面着手。一是强调评价指标的多元化。教师应当在课堂教学和实践应用的各个教学活动环节中注意观察、识别、分析每个学习者智能形式中的弱势因素和强势因素，依据每个学习者的智能水平和类型特点来设计个性化的评价标准。二是强调评价主体的多元化。教师要从多种渠道了解学习者的学习情况，争取让所有学习者都有机会参与自我评价和互助评价活动，使评价更趋全面客观。三是强调评价形式的多样化。教师可以采用观察法、访谈法等多种评价工具和评价方式，使评价信息尽可能真实、准确，有利于学习者了解自己的智能水平和发展状态。教师要发现学习者的优势智能领域，引导学习者将优势智能领域的学习能力迁移到弱势智能领域，使他们的外语学习更有成效。

第二节　外语教学中的模糊性

一、外语教学中的语言模糊现象

（一）语音模糊

在外语语音形式中，一是存在着语音相容现象。一个音位可能包括两个或两个以上的相似音素，音位变体可分为条件变体和自由变体两种。二是存在着语流音变现象。在语言学中，音位因受到语速、音量、音调以及前后音位等多重因素的影响，在发音过程中会产生语音上的某种变化，这种现象被称为音变。这两种现象都易造成言语表达的不确定性。

（二）语义模糊

自然语言中的语义轴两端各自对应着一个明晰且精确的过程，这些过程的语义内容具有明确的界限和绝对性。相较之下，位于这两端之间的区域则展现出一个连续的动态变化过程，语义内容是相对的、有条件的、分级的，这就决定了中间区域的语义内容存在着普遍的模糊现象，是难以划分明确界限的。

（三）语义块的切分组合模糊

人们对语句的理解往往不是针对一个个词语，而是针对一个个意群，这个仅次于句子一级的意群就是语义块。语义块是概念层次网络理论中的术语，从语义块的内部结构来看，词语之间的组合搭配关系上差异很大，存在一定模糊空间。

（四）指代冗缺模糊

为了表达的需要，一些语言信息在句子中经常重复出现，这就是冗余现象。从句子的完整性来看，冗余是多余的部分，而缺省正好相反。句子中应有的部分被省略掉了，为了追求语言表达效率，对于已经十分明确的人或事常常用代词指代。当句子中存在多个可能的冗余或者缺省指代对象时就会产生模糊。

（五）语感模糊

语言交际过程中许多话语所体现出来的丰富内涵只能意会而无法直接表述出来。语言学习的重点是培养学习者的言语能力，使他们掌握语言的功能，理解语言所表达的含义。教师在教学过程中要注意引导学习者通过阅读大量的语言材料来逐渐培养自己的语感。

（六）听力的模糊理解

听力理解是一个复杂的心理和生理过程，受到听力内容、说话者、学习者、听力过程等众多因素影响。对于同一段语言材料，不同的学习者可能会形成不同的认识和理解，通过能动的主观认知和逻辑推理才能准确理解说话者所要表达的意图。

（七）委婉表达

这种言语风格在现实的交际过程中得到了普遍运用，具有模糊性、暗示性的交际功能特点，使得语言表达方式更加富于变化，交际行为更加恰当得体。教学中教师应当从目的语社会文化层面引导学习者认知外语的委婉表达方式和特点，领悟委婉表达的功能和意义，掌握委婉表达的策略和方法，增强语言的敏感性。

二、外语模糊教学特点

文学作品的内容本身由于艺术表达的需要存在着大量的模糊性，既有语言表达方式层面的模糊性，也有情感因素和主题意义层面的模糊性，容易使学习者在阅读时产生模糊性理解。基于不同的年龄阶段、知识水平、生活阅历，学习者可以在语言、情感、意义等多个层面对教学内容做出不同的解读。这种多样性解读可以引导学习者进行多方面、多角度、多层次的思考，破除非此即彼的思维定式，有利于培养学习者创造性思维能力。

在教学层次上，模糊教学并不仅仅止于对词语、句子和篇章结构的表面分析，而是进一步改进了对教学文本平面性的解读方式。要求教师注意引导学习者挖掘文学作品的内在意蕴，注重从语言层面扩展到情感层面，甚至超文本层面，进行创造性理解，培养学习者敏锐的洞察能力和深刻的思辨能力。同时，还要有意识地培养学习者的想象力，在教学中让学习者于文章的艺术留白之处进一步展开创造性的想象。

在教学效果上，传统教学模式中采取的讲究教学方法的模式化和考试评价的标准化等精确化的科学手段很大程度上解决了教学中长期存在的复杂难题，但是忽视和压抑了学习者的个性特点和情感需求。模糊教学是对传统教学模式的有效补充和完善。在不影响学习者准确理解教学内容、把握教学重点、达到预期教学目标的前提下，教师有意识地将模糊理论融入教学过程，在教学环节中创设一定的模糊状态，提高学习者的感悟和想象能力，激发学习者的审美想象，培养学习者的审美能力。

第三节 全语言教学理论与语块理论

一、全语言教学理论

全语言教学理论是在对儿童习得语言的行为方式和特点进行分析研究的基础上形成和发展起来的一系列理论和原则，也有学者将其称为整体语言教学。全语言教学理论的核心观点在于语言习得不仅是单一的学习过程，还是学习者内部条件与外部条件相互作用的结果。具体而言，学习者的内在因素如学习能力、情感需求和认知心理，与外部条件如社会环境和信息输入，共同形成了一个复杂的语言习得系统。这些因素相互交织，相互影响，共同决定了语言学习的过程和效果。这种观点强调了内外部因素在语言学习中的平衡与协调，为人们全面理解语言教学提供了理论支撑和实践指导。

（一）全语言教学中的教学方法

美国教育心理学家加涅（Gagne）把学习能力分为智力水平、认知策略、表达能力、运动技能、动机态度。对这些学习能力的培养需要采取有针对性的学习方法，提供特定的学习条件，不可能找到一种普遍适用的学习方法使学习者能够同时获得这些学习能力。

全语言教学理论强调教学方法和教学策略的运用要综合考虑到教学对象、教学内容、教学管理、教学环境等诸多因素的影响。一个杰出的外语教师，不但要具备灵活的思维、广阔的眼界和前瞻性的创新精神，而且要明白语言教学的本质并掌握语言教学的规律。熟练掌握各种行之有效的教学理论、模式和方法，在教学过程中要根据学习者的实际能力水平，针对特定学习技能培养的需要，扬长避短、博采众长，根据不同的教学环境条件采取有针对性的教学方法。

全语言教学理论认为语言是一个完整的系统，不能简单地将其切分成语音、词汇、语法、句式等独立的组成部分，那样的话语言就失去了其完整的意义。在教学过程中，教师应当把有意义的语言完整地传递给学习者，学习者只有把听、说、读、写、译等各项语言技能有机地结合起来，才能构建起语言运用的综合能力。其中，各项语言技能的培养和提高不是孤立完成的，它们是相辅相成、相互影响、相互促进的关系。这就要求教师在教学过程中将听、说、读、写、译能力的培养放在同等重要的位置上，实现由以单项语言技能培养为中心转变为以综合语言能力培养为中心。

有学者认为，全语言教学是从整体到个体再到整体的教学方式。课堂教学材料的学习方式应进行必要的调整，以适应更高效、更全面的学习需求，建议从传统的组装式教学顺序（即从词汇、句子逐步构建至篇章）转变为合解式教学顺序(即从篇章出发，逐步深入句子、词汇)。这种转变将有助于学习者在宏观与微观之间建立更紧密的联系，提高理解能力和学习效果，使学习者能够积极地进行自主学习而不是被动地重复语篇内容。

（二）全语言教学中的语言环境

语言能力的形成与发展，是在语言系统与社会环境相互作用的共同影响下逐步实现的。这一过程中，语言系统提供了语言规则与表达方式的基础，社会环境则为语言应用提供了广阔的舞台。语言习得只能发生在特定的社会环境条件下。全语言教学理论倡导在形态多样、意义明确、模拟真实的社会文化情境中，通过与他人的交际互动来习得语言，教师既要发挥学校课堂教学的核心平台功能，又要努力为学习者创设一个更为广阔的、更接近现实社会生活的课外学习环境，多渠道、多层次地组织形式多样、生动有趣的课外活动。

全语言教学理论强调以内容为中心，由单纯的语言技能训练转变为有意义地学习。在教学内容的安排上采取主题单元的形式，语言教学内容应当与社会、文化、民族、国家等主题相关联。学习者围绕一个特定的主题开展广泛阅读、深入讨论、模仿写作等学习活动。教师采取研讨讲座等方式激发学习者的学习兴趣，使学习者能够从多层次认识问题，从而强化学习者对教学内容的理解和掌握。

打破封闭单一的外语语言学习体系，把外语语言知识学习与其他学科专业知识学习有机整合起来。注重跨学科学习能力的培养，将语言作为一种交流的媒介，一种知识的载体。学习者在利用语言技能探究其他学科专业知识的过程中能更好地把握语言自身的特点和规律，使得各种语言能力之间相互贯通、协调发展、相互促进，为学习者的语言学习开辟更为广阔的时空领域，提高学习者的综合素质。

在真实自然的篇章语境中，学习者能够更快地掌握学习要领。有学者认为，听、说、读、写等单项语言技能的培养都应该在真实的语境中进行，这样有利于学习者更好地达到语言表达和沟通交流的目的。如今，现代信息技术越来越发达，计算机和网络的快速普及改变了人们学习的方式。手机等智能终端的应用普及使得资料的查询阅读摆脱了时间和空间的局限，为语言教学提供了一个近乎真实的社会文化情境。信息技术的迅猛发展，为全语言教学理念的落地实施创造了极为有利的条件。

文化和语言是密不可分的，语言是文化的主要表达形式和重要组成部分。任何一种长期使用的语言都是基于深厚的社会文化基础和长久以来的历史积淀的。了解目的语国家的文化特点和历史背景是全面透彻地掌握目的语的关键和前提，有利于促进学习者语言应用能力的提高。教师不仅要讲授语言知识，还要注重培养学习者的跨文化意识，强化对外语国家文化的认知能力。

（三）全语言教学中的教学对象

根据马斯洛（Maslow）的需求理论，在教学过程中要充分考虑学习者的各层次需求，尤其是被他人需要、被他人尊重的需求和获得自我实现的需求。全语言教学理论坚持以学习者为核心，全面关注学习者的学习策略运用、个性化需求、独特能力、生理状况、学习偏好、兴趣所在以及心理状态，充分尊重并灵活适应每位学习者的独特性和差异性，切实做到因材施教，了解学习者学习外语的目的和动机，注意学习过程和结果的及时反馈，实现从以教师为中心到以学习者为中心的转变。

全语言教学理论强调教学要面向所有学习者，倡导有教无类的教育理念，使每一个学习者都能得到关爱、指导、帮助。教师要研究分析每一个学习者在学习能力、学习动机、学习方法等方面的差异性。教学过程中注意发挥每个学习者的优势和特长，深入挖掘每个学习者的内在潜能，全面认识每个学习者的智力结构，尤其是对于学习能力比较差的学习者要给予个性化、有针对性的指导。协助他们制定学习策略，使所有学习者的综合素质和学习能力得到全面发展。

课堂教学是由教师、学习者、教学环境等多种因素共同构成的多维时空结构，教学过程应该是师生双方情感交融的互动过程。要充分调动学习者的主观能动性，鼓励学习者主动发现、积极探究和体验实践。通过师生之间的积极互动、交流、沟通，促进学习者进行有意义地自主学习。

在教学过程中教师除了要传播语言知识、培养语言能力，更要注重培养学习者积极主动的学习态度、强烈的学习动机和学习兴趣、不断开拓进取的创新意识、学习者身心的全面健康成长，使语言学习成为教育的重要形式和载体。

（四）全语言教学中的教师要求

全语言教学对教师的知识、能力和素质提出了更高、更全面的要求：一是全语言教学倡导个性化、差异化教学，这就对教师的记忆能力和前期备课提出了很高的要求，很多教师并不具备收放自如的驾驭能力；二是全语言教学倡导按一定的主题组织教学，这就要求教师在备课时围绕主题内容广泛收集学习资料，精心编排教学内容，灵活设计教学活动，创设教学情境，组织交际活动，需要教师付出大量的时间精力；三是全语言教学要求教师要监测每个学习者的学习状态，关注每个学习者取得的进步，满足每个学习者不同的学习需求并提供个性化的学习指导，实施起来难度很大。

要改变以教师为中心的教学理念，改变教学活动的控制者角色，从语言知识和技能的传授者转变为教学活动的策划者、启发者，营造一种愉悦、宽松、平等、合作的教学氛围。在教学过程中，教师要紧紧围绕学习者这个中心，及时调整自己扮演的角色，成为语言教学的组织者、学习过程的指导者、情境表演的示范者、语言技能训练的对话者和监督者，给予学习者全方位的支持。

二、语块理论

刘易斯（Lewis）提出了词汇组块教学法，认为词汇应该成为语言教学的中心，但是在词汇和句式之间还存在着一种语块结构，同时兼有词汇和句式的特征。语块结构是一种多词的、预制的半固定式结构，掌握这些预制的语言板块可以加速语言理解和产出的进程，大大提高学习者口语表达的流利性，对于提高学习者的语言交际能力具有重要的意义。此外，有人认为影响语言流利程度的主要因素不是语法规则和词汇，而是大量存在的语块。

（一）语块的定义

大部分语言交际是通过语块的运用来完成的，语块可以认为是基本的语言单位。对于语块的定义可以从以下两个方面来理解。

1. 形式上的整体性

语块是词汇与词汇的组合，也可以说是词汇短语以一个固定的结构形式存储在我们的记忆中，当人们在交谈、阅读、写作时可以随时调用。语块的结构形式与语言中的习语、自由搭配的结构形式有很大区别。习语的结构形式是完全固定不变的，没有任何变动、发挥、创造的空间。自由搭配的结构形式是完全按照语言规则的要求临时组合的，变化形式十分丰富，不利于学习者短期内的理解和掌握。语块是一种独特的语言结构，它位于固定短语与自由表达之间，兼具两者的特点。其构成形式不仅保持了一定的稳定性，还得到了广泛的认可。当某一词汇序列以相同的形式多次出现，并在语言应用中发挥着特定的作用，同时其构成形式又呈现出相对稳定的特征时，那么，这种结构便可被视为一种语块结构形式。

部分学者研究指出，交际能力指的是语言使用者通过预先掌握一系列固定的语言结构、套语以及语用规则，进而在不同交际场合中能够灵活且适时地运用并调整自身表达的能力。这种能力源于个体在语言运用过程中对既定语用规则、语言结构以及常见表达的预先熟悉与掌握。然而，刘易斯对此持有不同的观点。他认为，要想真正掌握语言，必须进行系统性的语言结构分析，而不仅仅是孤立地学习各个语言元素，这种全面而深入的方法才能确保学习者真正理解和运用语言。

在分析时可以整体使用短语、习语等固定式语言结构，没有必要进一步理解这些固定式语言结构的内部组成。

2. 语义上的约定性

传统语言学认为词汇有单词和短语两种形式，其中单词可以运用语法规则进行自由组合，是组成句子的基本单位，而短语是不能用语法规则解释的一种固定搭配，是不能进一步分解的、具有独立意义的语言单位。

词汇的形式与意义是密切相关的，词汇在使用时存在类连接与搭配两种状态。

类连接是对词汇和语法的兼顾；而搭配则是指当某些词汇被有规律地使用在一起，搭配的形成不是基于一定的语法规则要求，而是长期以来人们使用习惯的不成文约定。

（二）语块的分类

对于语块的分类，较有代表性的有三种。

从功能和结构的角度出发，语块作为语言的基本单位，可细分为短语限制结构、聚合词、句子构造成分以及惯常表达形式等几类。其中，短语限制结构由固定的结构组成，使用者可根据具体语境和需求，替换其中的词或词组，以实现表达的多样性和灵活性。聚合词则类似于单词短语，其结构固定且不易改变，体现了语言的稳定性和规范性。句子构造成分则提供了句子的基本框架，是构建完整句子的关键要素。惯常表达形式则包括谚语、格言以及社交场合中常用的程式化语句等，这些形式在语言传播中占据了重要的地位，为人们的日常交流提供了丰富的素材和参考。

从表达形式角度，语块分为以下四种类型：一是多词，是需要语言使用者熟练掌握的基本词汇；二是高频组合形式，是频繁出现的词汇搭配；三是固定表达形式，是约定俗成的表达方式；四是半固定表达形式。这种语块分类方法覆盖了从完全固定表达形式到半固定表达形式的范围。

从在篇章中所起的衔接功能角度，语块分为以下四种形式：一是多词，可以像单词一样作为一个整体来看待；二是惯用表达式，如谚语、警句、交际套语等；三是限制短语，是可以根据需要填充相应内容的短语；四是句型框架，是一种句子框架。

（三）语块的特征

综上分类方式，语块具有以下特征。

一是语块，作为经过长期实践所形成的稳固语言结构，其学习与掌握应遵循整体性原则。在语块学习的过程中，学习者应当将其视为一种完整的语言结构形式来深入理解和把握，同时，以独立的语言单位形式进行储存，以便于日后的运用和回忆。在学习进程中，学习者可直接在需要时从记忆中提取并加以运用，无须深入探究语块内部各成分之间的语义搭配关系及语法结构细则，以此提升语言表达的准确性和流畅性。

二是语块的内部结构形式灵活多样，包括了从固定搭配形式到半固定搭配形式一系列连续变化的结构形式。语块的部分内容和内部结构成分可以根据不同的使用目的和使用环境随时进行替换，具有很强的生成性和灵活的创新空间，构成了语言不断发展的基础。

三是语块不是一成不变、毫无规律的，从传统意义上来理解，语块是词汇中的不可再分的语言单位，但在某些特定情况下也可以使用句法规则根据需要重新生成，也允许在原有知识结构的基础上进行扩充。

（四）语块的应用

语言交际过程中主要依靠常用的词语搭配结构形式来进行有意义的表达，尤其是固定搭配和半固定搭配这两种形式，语言使用者无须理解语块的内部结构成分。当学习者进行语言交际活动并表达自己的看法时，他们可以从记忆中快速提取和使用存储在大脑中的语块，极大缩短了语言在大脑中的组合时间。

在教学环节中，必须实现语言知识传授与交际技能培养的紧密结合，以保障学习者能在实际情境中灵活运用所学内容。语块作为语言结构的核心要素，涵盖固定形式和半固定形式两大类。学习者在运用语块时，应全面审视语法规则与具体语境，以便选取最为适宜的结构形式。对于半固定形式的语块，尤其需要学习者依据实际的交际需求进行灵活变通，以实现更佳的交际效果。语块教学旨在综合提升学习者的语境、语义和语法理解能力，进而实现语用能力与语法的平衡发展。

学习者为了应对交际压力，必须熟记一些公式化的套语和现成的口头话语。通过学习和掌握大量的语块，能够在短时间内迅速增加学习者语言知识的储备，这样学习者在进行语言交流时会更加顺畅和流利，极大地增强学习者的交际信心。因此，对语块知识的掌握是语言交际活动顺利实施的重要途径和方式。

第四节　生态语言学教学理论与自主学习理论

一、生态语言学教学理论

生态学属于生物学的一个分支，是把生物体与其生存环境之间的关系作为研究对象。生态学认为，生物体及其赖以生活、繁衍所需要的地理空间、物质能量、自然资源共同构成了一个完整的生态系统，系统中的所有要素之间都是相互依存、互为需要、相互影响的，在系统中都具有其独特的作用，对整个生态系统有效运行都是不可或缺的。从20世纪70年代起，生态学的思想观点开始在相关的学科领域得到广泛应用，为相关学科研究提供了一个新的视角和方法，从此一批新的交叉学科和理论应运而生。

（一）生态语言教学基础理论

1. 上位理论

（1）生态哲学

生态哲学是从生态学的角度出发，对人类社会与自然环境之间的关系、本质及其内在规律进行深入研究的学科。生态哲学摒弃了基于具体学科、专业领域的传统研究模式，采取了跨学科研究方法，把科学研究方法运用到了现代人文社会科学的各个层次和领域，为自然学科和人文社会学科搭建了相互沟通的桥梁。

现代意义的生态哲学以人与自然的哲学关系为基本命题，以客观的、全面的、动态的、联系的观点从整体上来把握自然环境与人类社会的复杂关系。反对传统非此即彼的二元对立的狭隘视域，改变了长期以来以人为中心的思维定式，倡导人与自然的相互融合、和谐共生和可持续发展。反映在教育教学领域上则是摒弃了长期以来以教师为中心的教学发展模式，转而关注教师和学习者的双向协调发展。

（2）教育生态学

教育生态学是生态学与教育学、社会学、心理学等学科融合发展而形成的交叉学科。以生态学的理论方法和研究视角研究教育现象，解决教育问题，探索教育规律，对教学过程中的复杂问题和矛盾给予全新的诠释和解决方案。

教育生态学认为教育是一个复杂的、多样的、有机的、动态的、整体的系统。注重系统的整体意义，强调系统内各因子之间的有机联系和相互作用，关注系统的动态发展趋势。

（3）生态语言学

生态语言学是由生态学与应用语言学相结合而逐渐形成的语言学分支。对生态语言学的研究范围主要有以下两种理解路径。第一种认为语言有自己的生态环境，语言的生态环境是语言发展的基本条件。生态语言学就是以研究语言的生态环境为切入点，关注语言生态环境对语言学习和运用的作用和影响的；第二种认为人类社会是自然界不可分割的重要组成部分，人类的产生、生存和发展依赖于自然环境的呵护，而语言是人类存在的重要条件和表现方式，也是人类影响自然环境的一个重要手段。

生态语言学有两个主要研究领域：一是研究影响语言产生、发展以及演化的各种内在因素和生态环境，为了更好地适应和改造自然生态环境就必须及时调整语言系统的运行模式和语言的运用方式；二是对某一种语言的句式特点、话语样式、语篇结构进行微观层面的剖析，以此来解读语言运用过程中的生态因素和特征。

2. 横断理论

横断理论的核心在于深入研究大量不同物质形态及运动形式在特定方面所呈现的共同特征，而非局限于客观世界中某一特定物质形态或运动形式。该理论通过深入剖析这些共同点，旨在揭示运动与物质之间的内在规律和联系，从而为人们理解客观世界提供更为全面和深入的视角。横断理论包含了系统论、控制论、信息论、耗散结构理论、突变论、协同论等具体学科理论。下面以耗散结构理论在教学中的应用为例进行介绍。

耗散结构理论研究了复杂系统中的自组织运动规律，揭示了远离平衡态的开放系统从无序状态走向有序状态的机制和条件。在某种程度上，教学系统可以理解为一种耗散结构。

其一，学习者是教学活动的主体，如果思维处于高度的非平衡状态，学习者就会积极地发挥主观能动性，以极大的学习热情参与教学过程，从而获得良好的教学效果，同时学习者的认知结构也会随着教学问题的不断解决进入更高的有序状态。

其二，开放性是保持系统稳定状态的前提和关键，通过与系统外部环境持续不断地进行对话、交流、渗透以保持动态平衡和稳步发展。因此必须大力拓展教学的时间和空间，不断开阔学习者视野，广泛获取大量有效信息，努力培养学习者积极主动的开放性思维能力。

其三，涨落可以理解为系统状态达到临界点时发生了突变。在平衡的系统结构中涨落是破坏平衡的消极因素，而在非平衡的系统结构中涨落是促成平衡状态的积极因素。涨落反映在教学过程中，一是教师引起的涨落，教师在教学中要创造条件，有意识地引导和促进某个微小涨落在教学过程中不断放大乃至形成临界点的突变，促使教学水平上升到一个新的层次；二是学习者引起的涨落，在教学中要重视学习者的个体差异和个性特征，注重培养学习者的自主学习能力和创新思维能力；三是外界环境引起的涨落，要选择有利于培养学习者思想情感和认知能力的教学内容材料，同时内容材料也要贴近实际生动形象、富有新意。

（二）生态语言教学观

生态语言教学观是将生态学理论与社会文化理论相结合而形成的理论观点，全面研究语言学习中教师、学习者、教学环境之间的相互作用，引入突现理论对语言学习从整体上进行把握和认识，将学习者与环境联系起来，将学习过程视为多维时空的流变。生态语言教学观拓展了对语言教学的认识，并使其更加全面。

20 世纪初，哲学思想形成了英国突现主义学派。20 世纪末，随着认知理论、复杂性理论、计算机技术的迅速发展，人们开始从学科交叉的角度从不同侧面展开对突现问题的研究，形成不同的理论学派。系统具有整体性、层次性是突现理论的核心观点。20 世纪 80 年代，厄尔曼（Ullman）等学者提出语言学习突现论，从此语言学应用研究开始引入突现理论。

生态语言教学观秉持的观点是语言学习是一个充满复杂性的动态过程，这一过程受到诸多因素的交织影响。语言能力并非孤立存在，而是在环境、教师以及学习者之间的密切互动中得以塑造和形成的。同时，语言的流变性表现为其内在的发散性变化、稳定状态以及周期性变化等多个层面。

语言的多维时空流变性主要观点是语言学习的过程是语言教学生态环境产生流变的过程，也是学习者成长经历的过程，更是学习者母语学习经验正迁移到第二语言习得的过程。语言习得可以理解为语言教学生态环境中的时间、空间因素相互影响、交织、作用的多维的、立体的、动态的流变过程。

生态语言教学观认为语言、使用该语言的人和社会文化具有生态的相关性，运用到教学评价领域时就是需要将评价者、评价内容、评价目的以及评价结果进行综合考虑。具体来说，一是评价者包括教师、教学主管部门、学习者、学习者家长等利益相关方，评价是其协商的结果；二是评价内容包括纸笔测试、人机测验、课堂学习记录、课后教学实践等各教学环节；三是评价所取得的评价结果可以从教师、学习者、教学主管部门各自的角度分别予以阐释和运用。

二、自主学习理论

（一）自主学习

20 世纪 80 年代，法国南锡大学的语言教学与研究中心针对成人教育组织了一场自主式教学改革实验。此后，霍雷克（Holec）在总结实验情况时首次提出了自主学习概念并赋予其十分广泛的意义和内容，认为自主学习能力的培养贯穿了学习的全过程，如自主设定学习目标、自主制订学习计划、自主选择学习材料、自主监测学习进度、自主运用学习策略、自主评估学习效果等。霍雷克认为外语教学的一个重要任务是在指导学习者获得语言知识技能的同时，帮助学习者提高自主学习的能力，学会自主学习。社会认知学派的代表人物美国心理学家齐默曼(Zimmerman)的自主学习研究框架包含了六个方面：动机（为什么学）、策略（怎么学）、时间管理（什么时候学）、目标设定（学什么）、学习环境（在哪里学）、学习社交（与谁一起学）。通过这些方面的评估可以判断学习者的自主程度。这一框架为学习者提供了指导，可以帮助学习者更好地掌握学习过程，提高自主学习能力。教师只有对学习者自主学习的状态有一个准确地把握才能对学习者提出有效指导和帮助。学习者在学习过程中或多或少地都会进行一定程度的自主学习，只是自主程度有所差异，但是完全依靠自主学习或者完全排斥自主学习在现实中都是很极端的例子。

现象学派著名学者麦克库姆斯（McCombs）设计了一个自主学习模型，提出自主学习存在两个基本的过程。一是认知过程，主要是学习者对知识信息进行获取、加工、编码和提取；二是元认知过程，主要是学习者要对学习过程进行计划、管理、监测、评价和反思。自主学习可以划分为三个阶段：首先是学习者要根据自身能力水平和学习任务要求合理设置学习目标；其次是学习者要根据起初设置的学习目标制订详细的学习计划，形成相适应的学习方法和学习策略；最后是学习者要能够更有效地监测自己的学习过程，管理自己的学习进度，对于学习过程中的行为偏差和学习效果及时进行评价、反馈和反思。

加拿大心理学家温尼科特（Winnicott）等从信息加工角度对自主学习过程进行了研究，其主要观点概括如下。一是认为当学习者在面临新的学习任务时，一方面要在学习者现有的信念系统和认知结构的基础上对学习内容进行解读、剖析；另一方面要根据自己的基础条件和能力水平合理设定学习目标。二是认为学习目标包括两个方面的目标，一方面是理解性学习目标，强调对学习内容的深入理解和有效掌握；另一方面是应用性学习目标，强调在语言交际过程中充分展示和表达自己的能力素质。三是根据设定的学习目标，合理恰当地选择与自己的特点相适应的学习方式和学习策略，并在学习过程中能够有效执行。四是生成学习结果，温尼科特认为学习结果包括心理性的和行为性的结果，其中心理性结果直接纳入自我监测和自我管理过程，而行为性结果要想纳入自我监测和自我管理过程则需要借助于外部反馈的方式才能返回到认知系统。五是学习者依据对学习结果的评价来重新调整学习目标、选择新的学习策略、执行新的学习任务，开始自主学习过程的新一轮循环。

（二）自主学习能力培养途径

1. 合理利用好各种学习资源

学习者在自主学习过程中要尽可能地利用和发掘来自各种渠道、途径的学习资源以增强自己的学习效果，提高自主学习能力。但是并不是所有的资源都可以被学习者接受，也不是所有资源都适合学习者的需求。学校可以设立如自主学习中心、网络课程等各种形式的教学资源中心和自主学习平台，一方面为学习者提供适应自身学习需求和学习方式的资源素材，另一方面为学习者提供便于进行自我评价的条件和机制，确保自主学习的效果。

2. 有效使用技术手段

自主学习中心、网络课堂等教学资源中心的建设必须以先进的信息技术手段为支撑，努力为学习者提供及时、实用、真实地道、丰富多样的资源，当前我们更多关注的是网络环境下自主学习方式的应用研究。现代信息教育技术和网络技术的迅猛发展为建设一个便捷高效、界面友好的自主学习环境创造了条件和基础，同时营造浓厚的、交互的学习氛围，有利于激发学习者的学习兴趣. 有利于支持学习者之间进行及时的协商、沟通和会话。

学习者应当利用计算机网络技术，自主选择学习策略、设定学习任务、确定学习内容、掌握学习进度，并通过多种即时通信工具、网上论坛等交互式学习方式进行主动探究，实现有意义的知识建构。在这个过程中能够充分发挥学习者的主观能动性和创造性，使教学真正成为以学习为中心的自主学习。

3. 发挥教师的指导作用

自主学习是学习者自我规划、自我管理、自我监测、自我评估、自我反思的学习过程，但是要认识到自主学习并不等同于自己学习，教师适时的干预、引导、监督和帮助是学习者自主学习的重要基础和有效保障。以自主学习为主要特点的学习模式对教师的能力素质提出了更为严格的要求。教师要以学习者的自主探究性学习为前提，认识到学习者在教学活动中的主体地位，对学习者的基础条件、学习动机、认知能力、个性特征、学习方式、兴趣爱好等进行详细了解和深入分析，注重发挥学习者的主观能动性，根据学习者的具体需求突出个性化教学，发挥好教师在教学中的组织和指导作用，引导自主学习过程向着有利于完成教学任务、实现教学目标的方向发展。

在自主学习过程中，教师应扮演好多重角色，包括学习引导、确定目标、提供资源、促进学习、提供帮助、评估效果。

4. 激发学习者的自主意识

在自主学习过程中，学习者应当主动地建构和形成认知结构而不是被动接受知识的灌输；教师要对教学过程进行科学引导和合理规划，根据学习者学习能力和学习特点设定一些难度逐步递进的、经过适当努力可以达成的阶段性学习目标。提供反映目的语社会文化历史特点的教学情境，引导学习者科学分析、反馈、吸收学习成果，帮助学习者尽可能避免学习过程中的消极情绪和负面体验。有意识地发展每个学习者的爱好和特长，从而激发学习者自主学习的兴趣，有效提高学习者的自主学习能力。

5. 倡导合作性学习方式

集体主义的自主性在自主性学习过程中十分重要，其中合作性学习是提高自主学习能力的重要方式。合作性学习是以学习小组为主要学习活动形式的，强调围绕学习者这个中心，通过教师与学习者之间的交流与互动完成教学任务和学习目标。合作性学习方式有利于营造真实的学习情境和浓厚的学习氛围，在教师的精心指导下，促进学习者之间的沟通交流、协商互助、资源共享、共同提高。合作学习为每一位学习者提供了实践、检验和评估自主学习成果的机会，有利于促进其自主学习能力的进一步提高。

第二章 大学外语教学方法

本章为大学外语教学方法，主要介绍了五个方面的内容，依次是情境教学法与对话教学法、任务型教学法与内容教学法、互动教学与合作教学、翻转课堂、MOOCs与SPOC。

第一节 情境教学法与对话教学法

一、情境教学法

情境教学法是20世纪中期由英国应用语言学家发展和形成的。情境作为一种特殊的环境条件，具备引导个体行为方式发生转变的潜能。情境教学则是将情境作为媒介与工具融入教学过程中的一种方法。在教学实践中，教师应当有意识地策划和构建具象且富有吸引力的教学场景，以充分激发学生的学习动力与兴趣，同时辅助学生深刻领悟并掌握教材内容。通过引导学生在真实或虚拟的情境中展开互动与实践，可以使学生更为直观地感知和接受知识，从而深化对知识的理解和记忆。情境教学作为一种富有成效的教学方法，在提升学生学习效果与增强学习动力方面发挥着重要作用。它使学习过程变得更加生动有趣，有助于吸引学生的注意力并激发他们的求知欲。通过创设丰富多样的情境，教师能够为学生提供更加有意义和具体的学习体验，有助于学生更有效地掌握所学知识，并能够将所学知识灵活应用于实际情境中。

（一）关于情境学习

情境学习是建构认知理论中的一种知识习得理论。情境学习理论认为，学习不能简单地理解为把抽象的知识从教师传递给学习者，也不仅仅是一个基于个体的意义建构过程；学习是一个社会性、互动性、协作性的过程，是处于某一特定情境下的学习。真实的学习环境是决定学习进程的关键，知识的建构过程受到学习者和学习情境、学习者与学习者之间互动的影响。

情境学习理论把知识分为四类，即以具体事实为基础的知识、以原理规律为基础的知识、以认知能力为基础的知识、以特定社会关系为基础的知识。前两类知识可以通过阅读文献资料等方式获得，称为显性知识；后两类知识可以通过社会性实践等方式获得，称为默会知识。之后提出的问题导向学习模式、任务导向学习模式也都是基于情境学习理论的具体教学方法，这两种教学方法的基本思路都是要求学习者通过人与环境的互动方式来达到主动建构知识的目的。

（二）情境教学法的作用

1. 有利于培养学习者的感性认识

情境教学是学习者在与情境中的对象发生交互作用的过程中习得的，这里所说的对象既可以是实物对象，也可以是问题对象。学习者在与实物对象的交互过程中会获得真实的、具体的感性认识，丰富对教学内容的理解和认知。学习者在与问题对象的交互过程中主要是根据背景条件和知识结构并通过学习者自己的思考来获得问题的答案，这样会使得学习者产生新的感性认识，有利于促进学习者理性认识的形成和发展。

2. 有利于培养学习者的迁移能力

迁移是一种学习过程对另一种学习过程的影响，学习者必须学会将知识灵活应用于不同情境中。教师在开展教学活动时，应着重向学生传授不同情境下的基础知识、学习技巧和应用原则，并使他们认识到掌握技能和策略对于提升学习效率和便捷性起着关键作用。这意味着学生需要学会将他们在学习中获得的知识和技能迁移到实际生活和不同学科领域中。教师可以通过示范和实践引导学生在各种情境下应用所学内容，培养他们的灵活性和创造力。同时，教师还应该注重培养学生的批判性思维和问题解决能力，使他们能够在面对新情境时快速适应并做出有效应对。通过这样的教学方式，学生不仅能够更深入地理解知识，还能够更加自信地应对未知的挑战，并在不同情境下展现出自己的学习成果。

情境教学中的情境设定既可以是真实情境，也可以是描述性情境。真实情境是指真实的社会实际生活和原生态的自然地理环境，描述性情境是指学习活动背景是由教师专门创设的，具有较强的针对性。

3. 有利于培养学习者的个性发展

学习者的角色扮演是否丰富对于学习者个性发展的完善与否有很大影响，学习者在教学情境中可以扮演多样化的角色。其主要有两类角色：一是观察角色，学习者只是以旁观者的身份对情境中的对象进行外部观察，增强感性认识；二是参与角色，学习者通过参与具体活动以获得真实的体验，促进认知能力的提高。教师在情境教学中不但要向学习者提供角色扮演的机会，而且要轮流扮演这两类角色，这样才能推动学习者的个性向完善方向发展。

4. 有利于培养学习者的合作建构

情境教学的一个重要特点就是需要学习者个体之间的密切协作和互相配合，这就给学习者提供了丰富的教学情境和沟通交流的机会，学习者在协作中共同完成了知识意义的构建，每一个人都能获得对知识的独特理解，亲身体验到情境和交流的巨大作用，认识到情境教学的重要性。

（三）理论继承

1. 基于认知发展论视角的情境教学

第二语言习得的过程可以理解为学习者针对目的语的特点进行建构假设、验证假设、修正假设的过程，这里所说的验证假设和修正假设也就是皮亚杰的发生认识论中提出的同化和顺应的概念。通过对学习者认知结构的不断再平衡，从而不断完善、丰富关于目的语的认识，使学习者关于目的语的认知图式更加复杂化和系统化，让学习者的语言能力不断向更高层次发展。情境教学的出发点是促进学习者以积极主动的姿态参与学习过程，而把教学情境的创设作为主要内容，最主要的目的也是为学习者提供感知、体验、运用目的语的场景和条件。学习者在情境中运用目的语进行交流互动和意义协商，从中领悟语言规则，促进认知结构的同化和顺应过程，不断提高学习者语言能力。

2. 基于认知发现学习视角的情境教学

认知发现学习强调认知能力的形成和发展，这与情境教学的理念是非常相似的。首先，情境教学认为有效的语言习得主要源于学习者的亲身感受而不是源于教师的讲授，创设教学情境就是为了使学习者更真实地体验学习的过程。其次，情境教学不提倡教师在课堂教学中直接讲解语法规则，而是要求提供一系列需要完成的任务，学习者需要借助语言的形式解决任务过程中遇到的一系列问题，而完成任务的过程也就是学习者在语言使用中探究、发现、归纳、理解、内化语言规则的过程。再次，具有一定程度的挑战性是设计任务的基本要求，学习者在完成任务的过程中体现自身的能力、感受成功的快乐，有利于激发学习者强烈的内在学习动机。最后，情境教学就是通过创设语言运用的场景和环境，并借助于设定任务这种引导方式，使学习者在具体的语言实践中掌握交际能力，避免机械记忆和死记硬背。

3. 基于意义学习理论视角的情境教学

机械学习方式获得的是零散的、孤立的、静止的知识信息片段，这样的学习方式对提高学习者的学习能力意义不大。真正有意义的学习是在外界新输入的知识信息与学习者原有认知结构之间建立联系，并内化为原有认知结构的组成部分，进而形成新的认知结构。如何促进有意义的学习形成同样也是情境教学所要解决的问题。情境教学通过创设情境激发学习者的学习动机和学习兴趣，并以完成任务为目的，尽可能减少单纯的语法讲解和反复的机械操练等固化的学习形式，使新的知识、新的概念更容易与学习者已有的知识系统之间形成关联，更容易为学习者所接受，从而更快地实现知识的内化。

4. 基于建构主义学习理论视角的情境教学

对于传统语言教学中长期存在的一些问题，如重视语言形式而忽视语言意义、重视语言输入而忽视语言产出等问题，情境教学提出了有效的解决方案。情境的核心就是意义的真实存在，强调语言教学要在特定的情境中围绕一系列有明确目的的具体任务来渐次展开，语言的内容、语言的表达、交流的信息、语言的运用都要有实际的意义，以从根本上避免从形式到形式的无意义活动。

生态语言学理论、第二语言习得理论等诸多学科理论的研究成果表明，学习者的母语学习经验完全可以正向迁移到目的语的学习中去，学习者在母语学习中获得了对于语言的性质、语言的功能、语言的意义、语言学习方法的认识。情境教学鼓励学习者积极运用在母语学习中获得的经验，在特定的情境中运用目的语进行有意义的语言交际实践，建构起对目的语的认知结构。

建构主义的社会互动理论通过设定一系列具体任务为学习者之间的沟通交流、意义协商、信息共享、思想表达等提供有效的载体和平台。教师和学习者是通过完成具体任务连接起来的，教师的主要责任是创设接近真实的教学情境，营造浓厚的学习氛围，倡导合作式学习，增强学习者的自信心，督促学习者在具体任务中完成意义的建构。这与情境教学理论具有很大程度的一致性。

二、对话教学法

（一）关于对话教学

对话是人类认识自然、他人、自我的一种重要途径和方式，也是贯穿教学全过程的基本语言表达形态。教学过程中的对话方式多种多样，教师对学习者的授课指导、学习者与其他学习者的交流沟通、教师与学习者对教学材料的解读剖析、教师与学习者的自我反思发展等都可以理解为对话的一种具体形态。归纳起来，可以从以下三个方面来认识和理解对话教学。

一是对话教学是一种具体的教学方法。对话教学在早期的外语教学中即已出现。情境教学法就是以对话为主。虽然情境教学法后来逐渐被新兴起的其他教学法所取代，但是其所倡导的对话教学方式仍然为其他教学法吸收、借鉴，在课堂教学中得到广泛地使用。

二是对话教学是一种教学理念。真正的对话教学不仅仅是对课文对话部分内容的朗读与模仿，也不仅仅是语言学上的你问我答式的师生交谈，而是贯穿于教学全过程的各种形式的沟通、交流、协商、碰撞和互动。教师和学习者要有民主、平等、合作的对话意识，通过双方的共同努力达到师生的教学相长，共同完成教学任务。

三是对话教学是一个批判性思维过程。在课堂教学中教师可以采取一问一答的对话方式，引导学习者逐步加深对问题的认识和理解，最终得出确切的结论。也可以采取小组讨论的对话方式，引导学习者聚焦某一特定的问题进行全面深入地讨论，达成共识和一致，形成新的思想观念，使教学过程从知识的传授转向知识的建构。例如，《论语》中孔子采用“不愤不启，不悱不发”的对话方法，与弟子开诚布公地讨论社会现实问题，双方的思想都通过对话这种方式得以启迪升华。

（二）对话教学的基本特征

1. 生活化的教学内容

语言既是一种文化，也是社交的工具。人们根据不同的交际场合、扮演的不同角色、表达的不同内容，从而选择不同的语言表达形式。对话教学研究的主要目标是培养学习者正确运用外语表达自己的思想和与他人沟通的能力，生活化的教学内容对外语对话教学十分重要。

生活化的教学内容包括几个方面的要求：一是要有助于学习者了解外语国家的社会历史文化传统和习俗，培养学习者的外语思维方式，有助于学习者养成更接近于以外语作为母语的语言使用者的表达习惯，使学习者获得对目的语的真实感知和体验；二是要有助于学习者参与有意义的交际，增加教师和学习者之间对话、交流、互动的机会，真正做到学用结合，产生并应用于真实日常的交际活动中的语言形式一定是最为生活化的语言形式；三是选择的语言材料要贴近学习者自己的实际生活，符合学习者的学习方式和能力水平，能够激发与维持学习者学习外语的兴趣与热情。

基于生活化教学内容的外语对话教学中，学习者能够运用已有的知识经验基础，根据自己的实际需求以自己的方式自主地构建语言知识系统，进而形成符合社会文化规范、合乎常用语言规则、具有个性特征的话语方式。

2. 真实的教学情境

只有将所选择的语料恰当地运用于真实的交际活动中，语料才是完全真实的。对话教学强调应当营造真实的教学情境，为教师与学习者之间开展对话、交流、沟通、协作提供有效载体。

语言是在教学情境中展开对话的工具，对话相关主体的社会身份、对话的主题内容、对话的时间地点等相关的情境因素对于如何恰当地选择和运用对话语言，对于意义的建构都会产生重要的影响。学习者在文化情境中不断地与他者互动、沟通与合作，最后实现意义的建构。真实性的教学情境有利于意义的构建，有利于习得语言知识。

同时，真实的情境有助于学习者更好地理解教师的讲解，也有助于学习者恰当地生成话语。外语对话教学鼓励学习者尽可能多渠道地参与社会实践活动，促使学习者掌握的知识能在真实的生活情境中得到合理运用和成功迁移，培养学习者运用掌握的知识有效解决现实生活中复杂、多样问题的能力。脱离了真实的情境，对话也就失去了其应有的意义。

3. 教学的合作互动

在外语对话教学中，教师与学习者都是教学过程中的平等一员，都拥有平等的话语权，教师不再具有不可置疑的话语权，教学活动不是教师向学习者讲授语言知识的单向过程，而是教师与学习者以问题为导向的共同探究式学习过程。在外语对话教学中，教师、学习者是教学活动中的共同主体，都面临着提高教学质量、促进自身专业发展的共同任务，只有在教师、学习者之间进行平等对话、合作交流、相互促进，教学效果才能得到有效保障，教师的专业能力和学习者的学习能力才能共同成长。

互动是对话教学的一个重要特征，是培养交际能力最有效的方法，教师与学习者之间、学习者与其他学习者之间的交流、合作、对话必然会在师生之间形成多层次的、多形式的、多渠道的频繁互动关系。为了达到交际的目的，学习者在与他人互动过程中并不会把语法结构和语言规则作为优先考虑的问题，而是把主要精力集中在如何用语言准确表达交际内容和意义、如何对大量的输入信息进行充分的感知和理解方面，以此进一步加深学习者对语言的理解，提高学习者在交际过程中的语言表达能力。

在互动过程中，学习者从对方的语言运用中汲取更为有效的语言表达形式，对自己已有的知识经验进行反思，进而完成自身语言系统的个性化重构。

在对话教学中，对话、合作、互动这三个要素既是相辅相成也是互为前提的，对话的进行为教师与学习者之间、学习者与其他学习者之间提供了充分合作、互动的机会。有效的合作是形成积极互动的前提和基础，教师和学习者通过对话、合作、互动共同完成教学目标和学习任务。

第二节　任务型教学法与内容教学法

一、任务型教学法

任务型教学从广义上来说仍然属于交际教学思想框架体系的一个重要组成部分，是传统意义上交际教学思想的继承和进一步发展。

维果茨基在《思维与语言》一书中先提出了任务性学习这一概念。在语言学习的过程中，学习者与同学、教师之间的互动性以及语言学习所呈现出的社会性特征等因素，均能有效促进语言学习的发展，进而起到积极的推动作用。任务性学习方式较好地体现了语言学习过程中的这一特点，学习者能够在基于较为真实的社会交往的教学情境中完成互动交流的特定教学目标，显著地促进了学习者自身语言运用能力的提高。因此，维果茨基认为语言学习的过程就是通过学习者与他人的互动交流逐步形成学习者内在认知能力的一个过程。

威多森（Widdowson）注重对学习过程的研究，他在功能意念大纲的基础上提出了过程导向大纲的概念，过程导向大纲尤其注重培养学习者的学习能力，而不仅仅是为了实现一个特定的学习目标，应当让学习者置身于特定的教学情境中去完成特定的任务，把完成任务而不是常规性的技能操练作为教学活动所要达成的教学目标。教学活动中设定的任务应当基于真实的社会文化生活情境，应当与学习者的日常生活内容密切相关。

努南（Nunan）在《交际课堂的任务设计》一书中深刻地阐述了任务型教学大纲的核心理念。该书是任务型语言教学思想体系的重要里程碑，为读者全面展示了任务型教学的核心要素与精髓。同时，众多学者从不同维度对任务型教学进行了深入剖析与探讨。20 世纪 90 年代，任务型语言教学逐渐成为备受瞩目的主流语言教学理论，其影响力和应用范围不断扩大。任务型语言教学强调学生在真实语言应用中通过解决问题和完成任务来学习，注重培养学生的语言运用能力和交际技能。通过任务型语言教学，学生可以在实际情境中运用语言，促进语言表达和交际能力的发展。在任务型教学中，学生是学习的主体，教师是学习的引导者和组织者，通过各类任务激发学生的学习兴趣和积极性。任务型教学注重学生的自主学习和合作学习，通过任务的设计和实施，激发学生的学习动力和自信心，进而提高他们的学习效果和语言能力。任务型语言教学的理念和实践为语言教学提供了新的思路和方法，为培养学生的实际语言运用能力和交际技能提供了有效的途径。

（一）任务型教学法的理论基础

1. 言语行为理论

奥斯汀（Austin）在《如何以言行事》一书中提出了言语行为理论，认为基于传统语法结构的单词、语句、短语等语言表达形式并不能与其承载的语言功能形成一一对应的关系。语法结构完全相同的语句在表达的意义上可能引发不同的理解，形成截然不同的语言功能，而语法结构完全不同的语句却可能表示相同的意义，形成完全一致的语言功能。换句话说，一个语句可以表达多种功能，而一个功能也可以用不同的语句来表达。

言语行为理论对于语言教学的启示是应当重视语言功能的学习，认为语言学习的主要目的是把目的语作为交际的工具，强调在语言运用过程中完成语言知识的自主学习和语言能力的逐步提高。任务型教学是基于某种交际需要，通过具体任务的设定来培养学习者的语言运用能力，这种思想与言语行为理论的主要观点极为契合。

2. 认知方法理论

斯基汉（Skehan）在《语言学习认知法》一书中系统地阐述了关于第二语言习得研究的认知法，认为学习者在学习语言时建构了两种知识系统。第一种是语言知识系统，包括词汇、词组、短语、语块等固定搭配的表达形式，这些语言知识易于学习者快速记忆和习得，更注重语言的形式，适合于需要学习者进行流畅语言表达的场合。第二种是语言规则系统，需要学习者对语言表达形式进行抽象概括、对语言输入输出做到深入分析、对交际策略理解并掌握。它是以意义交流为核心的，需要学习者具备更强的认知能力，适合于需要进行精确语言表达的情境。

认知法把学习者语言产出的情况作为重点研究内容，认为语言产出的特点可以归纳为三个方面：一是学习者能否运用所学的第二语言自如地进行交际，即语言的流利性；二是学习者在交际过程中能否恰当地进行表达，即语言的准确性；

三是学习者对复杂的中介语结构能否熟练掌握和运用，即语言的复杂性。完成不同的任务会形成不同特点的语言产出，对语言的流利性、精确性和复杂性有不同的要求。语言表达的流利性主要与学习者对语言知识的系统掌握相关，而语言的精确性、复杂性则更多地与学习者对语言规则系统的理解相关。

在实际交际中，由于学习者语言能力的局限，语言表达的流利性、精确性和复杂性往往是不相容的。准确性、复杂性的高标准往往意味着语言输出流利性的丧失，而追求语言输出的流利性往往意味着对语言输出精确性、复杂性的放弃。在教学中可以通过设计一些具有不同特点的任务，每一项任务都侧重于培养学习者语言产出的某一个方面的能力，这些任务按一定计划、一定步骤科学地组合起来，从而促进语言表达的流利性、精确性和复杂性的协调发展。

3. 第二语言习得理论

第二语言习得理论涵盖了一系列关于人类第二语言学习和习得的理论和假设，其中交互修正假设理论和输出假说理论是较为重要的第二语言习得理论。

交互修正假设理论认为，学习者可以通过对语言输入进行意义协商的方式来促进语言习得能力的提高。在交际对话过程中，学习者能够意识到自己的语言知识与交际对象和交际目标之间的差距，根据交际对象的反馈信息进一步分析语言输入的意义和结构，进一步完善自己的语言知识结构。通过调整自己的话语方式以使交际对象获得可理解性语言输入，通过学习者之间的这种交互修正促进学习者的语言习得能力。任务的创设为学习者的意义协商搭建了有效的平台。

斯温纳（Swain）提出了输出假说，认为要确保语言习得的效果，仅有大量的可理解性语言输入远远不够，还需要经过反复的、频繁的语言输出训练，从而提高学习者语言产出能力。1995 年，斯温纳等提出了修正后的可理解性输出概念，认为可理解性输出有利于学习者及时发现自己在使用语言过程中的错误。通过对自己的语言表达进行有意识地反思，在理解语义的基础上对句法进行深入分析，提高其使用语言的准确和流利程度，有效提高学习者的认知能力，进而产生修正后的输出。在教学过程中，为有效促进学习者语言产出能力的提升，我们应依据交际需求，精心营造一个真实的语言环境，并力求举办多种形式的语言输出活动，以丰富学习者的语言实践体验。

（二）任务型教学法的主要特点

1. 任务设计要注重个性差异

在进行任务设计时，要根据学习者的个性特点区分任务的复杂和难易程度。

任务难度过小、过于简单容易使学习者丧失学习热情和兴趣；任务难度过大、过于复杂则容易使学习者产生畏难情绪，打击自信心。要充分挖掘每个学习者的潜能，激发学习者的求知欲望，培养学习者独立思考的能力，使每个学习者在完成任务的过程中都能有积极参与的机会和空间。为此，我们可以根据不同的教学目标设计不同形式的任务，提供具有不同难度和深度的教学资源。每个学习者都有切合自己能力水平的任务要完成，使学习者产生更持久的学习热情，并且引导学习者不仅要关注语言表达的形式，还要关注语言的意义和功能。

任务设计还要做到由浅入深、由易到难，形成任务难度的循序渐进，采取的任务类型也要做到形式多样、各有侧重、交叉运用。在任务设计中，还可以根据教学主题的需要，充分考虑学习者的原有水平和实际情况，设计由多个具体任务构成的特定任务链。适度运用脚手架原理，给予学习者必要的支持和指导，使学习者享受到完成任务所带来的心理愉悦。

2. 任务实施要注意互动合作

任务实施以小组活动为主，教师可以针对教学需要经常变换小组活动方式来完成不同类型的任务，通过小组活动来增加学习者的交际实践机会。在任务实施过程中，教师要注意引导学习者树立团队意识，注重与他人的交流合作。每一个参与者对小组及自己在小组内的角色都应当负有责任感，与小组成员交流、沟通、共享信息。学习者从接受任务、准备任务、执行任务、报告任务到分析任务的各个环节，需要充分发挥主观能动性，通过小组成员的团结协作共同完成任务。

同时，教师要为任务的实施创设真实的教学情境。情境设计要以学习者的生活经验和兴趣爱好为出发点，这样容易使学习者产生亲切感，能激发学习者的好奇心、求知欲和感悟能力，增加学习者使用目的语的机会，提高语言的实际运用能力。要与现实的社会生活紧密联系，使学习者在一种自然、真实的情境中体会和学习语言，有利于发挥学习者的主观能动性，有利于学习者学习积极性的调动和提高，有利于培养学习者人际交往、思考、决策和应变能力，有利于激发学习者的想象力，有利于培养学习者创新思维能力，有利于促进学习者的全面发展。

3. 充分发挥教学主体的作用

有效的语言输入是语言习得的前提和基础，教师不仅要提供大量的、新鲜的语言输入材料，还要考虑输入语言材料的真实性、针对性、知识性和多样性。学习者则是通过体验感知、交流讨论和合作探究等学习方式积极主动地开展自主学习，从而培养听说读写等各项语言技能。

尽管在课前教师拟订了详细的教学计划，但在课堂教学中仍然会产生许多不确定的因素。当学习者不知道如何实施任务时，需要教师随时进行指导监督，教师也应提高学习者根据不同类型的任务获取语言资源的能力，推动任务的顺利进行。同时，学习者要学会自主管理学习过程、自主控制学习进度、自主选择学习策略、自主检验学习效果。

任务型教学倡导参与式教学方式。教学过程、教学方法是开放式的、持续的、动态的，每个学习者会根据自己的学习体验形成不同的结论，而教师给出的结论也不是唯一的，往往有多种解决问题的方案，教师往往需要和学习者共同学习。同时，任务的完成需要学习者充分表达自己的看法和观点，就自己感兴趣的问题进行深入讨论，因此难免会在语言表达的过程中出现各种语法错误和不恰当的表达方式，这在语言学习过程中是难以避免的。

4. 任务完成评价

任务型教学将学习者的任务完成情况作为评价的目标，教师可以在课堂教学过程中随时监测学习者每一项任务完成的进度和结果，以此来评估学习者对教学内容的掌握程度和学习效果。此外，也可以在课堂教学过程中由其他学习者就任务完成情况进行同伴评价，这种评价可以是与课堂教学同步的即时评价。

二、内容教学法

20 世纪 80 年代以来，作为交际教学思想和交际法的进一步拓展延伸，内容教学法开始受到广泛关注。

（一）内容教学法的教学模式

内容教学法很好地满足了语言教学过程中对于形式、功能和意义同步发展的需要，能够使学习者在学习过程中始终保持浓厚的学习兴趣和强烈的学习动机，确保了课堂教学活动的质量，从而丰富了学习者的认知发展。

根据语言教学过程中语言形式和学科专业内容的融合程度，把内容教学法分为基于主题的语言教学、学科内容教学、语言和学科同步教学、语言教师和学科教师合作教学、语言技能和学科知识融合教学等几种具体教学形式。

将内容教学法进一步概括为五种模式：一是沉浸教学方法，教师在教学过程中通过积极营造真实的外语语言文化的学习情境，使学习者沉浸在外语语言文化的氛围中，激发学习者语言学习的内生动力；二是完全使用目的语教授专业课程，在教学过程中教师要针对学习者具有不同的语言能力这一实际情况，灵活运用各种教学方法和演示道具以使学习者更易于理解教学内容；三是专业课程与语言教学的有机融合，强调学习者在学习专业内容的同时还要发展语言能力，语言学习和内容学习同等重要；四是基于主题的语言教学，要从激发学习者兴趣出发来设计课程单元和选择教学主题，高效利用有限的教学内容培养学习者的语言技能；五是把内容学习作为语言技能操练的载体，认为在教学过程中语言学习是首要的，而对学习内容的理解和掌握是次要的，这和传统意义上的语言学习方式几乎是一致的。

（二）内容教学法的主要特点

传统教学方法一般根据语法知识的难易程度和递进关系来进行课程单元的设计，而内容教学法是以教学内容为依据来设计、编排课程单元的。

传统教学方法一般是根据语言技能训练的需要来设定课程组织形式的，如设置精读课、语法课、听力课、写作课等。内容教学法把听、说、读、写等基本技能训练要求全部整合到一系列独立主题的教学过程中，根据内容需要对各教学主题进行选择和排序。

做中学成为交际语言教学的基本原则之一。内容教学法是交际教学法的进一步延伸，遵循了交际教学法做中学的基本原则，要求学习者在利用目的语学习学科专业内容时要主动地参与教学过程的各个阶段，积极进行探索性和发现性学习。

内容教学法要求教学科目、教学内容、任务主题、教学情境的设定要具有真实性，要真实地反映客观世界和社会生活的实际状况，反映学习者的实际需要和学习兴趣，从而更好地服务于语言教学过程。

应用内容教学法时，要认识到教学信息的输入形式是多样化的，文本材料、课堂讲解、小组活动等都可以成为有效的、可理解的教学输入信息。要想将这些信息输入转化为学习者的学习能力，还必须在教学过程中结合其他形式的教学方法，如采用直接法对文本材料中的语言结构问题进行专门讲解。

第三节　互动教学与合作教学

一、互动教学

（一）关于互动教学

1908 年，德国社会学家、哲学家齐美尔（Simmel）在《社会学：关于社会交往形式的探讨》一书中首次提出了“互动”这一重要概念，正式将其确立为社会学领域的专业术语。此后，广大学者运用这一概念来深入剖析社会交往的各个层面，并据此构建了一系列富有洞见的相关理论流派。

到了20世纪30年代，社会心理学理论进一步提出了符号互动论，该理论的核心观点在于强调社会是由个体所构成的，而互动则是社会现象中的基本要素。

在教学领域中，互动理论的深入应用催生了互动教学模式的形成。该模式强调教学过程是师生间相互作用、共同发展的一个动态过程，体现了教育活动中的互动性。

（二）互动教学的一般过程

1. 问题引导

教师在讲授新课程前，一是要向学习者介绍与教学内容相关的背景知识，为学习者提供丰富的教学资源，使学习者更好地理解教学任务；二是根据教学要求创设问题情境，引导学习者预先提出需要解决的具体问题，提供充分的语言交际实践的机会，激发学习者主动探索的兴趣。

2. 自主学习

教师要制定切合学习者个体特点和实际需求的教学目标，并将教学目标分解为符合学习者认知规律的一组逐步递进的教学问题，这些问题的难度既超越了学习者的现有水平，又有利于激发学习者主动探究的积极性。通过以具体问题为导向，引导学习者明确学习的方法、步骤和要求，鼓励学习者独立自主地寻求解决问题的办法，从而更好地理解教学内容。

3. 小组讨论

教师要在学习者自主学习的基础上设定适合其实际知识水平的讨论主题，讨论过程中学习者围绕主题通过演讲、提问和辩论等方式充分发表个人意见，交换各自观点，展开头脑风暴，进行团结协作，形成对课文内容的多元化理解和对知识意义的多样化建构。必要时，教师可直接参加讨论，聚焦讨论主题，调控讨论进程。

4. 集中交流

集中交流是小组讨论的进一步延伸，教师可以把小组讨论中争议较大或难度较高的问题归纳起来，采取集中交流的方式继续进行深入讨论。在交流过程中，教师主要采取启发与点拨的方法引导学习者进一步探索和思考，并对小组讨论中的共性问题进行答疑解惑，充分展示知识建构成果，同时对已经完成的教学内容进一步引申、强化和拓展。

5. 测试评价

为进一步强化互动教学效果，教师可以适当开展变式训练，针对小组讨论和集中交流情况设计一系列的练习题，进一步强化学习者的认知结构。为检验教学目标完成情况，除了可以采取测试性评价的方式，教师还应当结合学习者参与互动教学过程的具体情况进行综合评价，使学习者对互动教学的内容、要求和程序把握得更加清晰明确、全面完整。

（三）互动教学的主要特点

1. 互动的多样性

互动教学是一项蕴含多重教学要素的繁复过程，其深度融合了教学资源、教学主体、教学方法、教学组织及教学环境等诸多要素，并使之在紧密互动中共同发挥效能。在这个过程中，教师与学习者之间建立了密切的联系，教师与学生之间的情感、认知等方面的互动也随之形成。同时，师生之间与教学情境之间也形成了密切的互动关系，这种互动关系不仅局限于表面的教学交流，还涉及情感、认知等隐性层面。从互动形式的角度来看，教学过程中存在着多种互动关系，既有明显的教师与学生之间的互动，也有学生之间的互动。这种互动不仅体现在教学过程中，还影响到了教学结果的达成，教学的有效性与效果在很大程度上取决于教学过程中的互动质量。因此，互动教学模式强调了教学过程中各种要素之间的相互联系与互动，以促进教学质量和效果的提升。

2. 互动的自主性

互动教学的精髓在于实施有效的互动任务，旨在营造融洽的师生关系，并充分尊重每个学生的独特个性差异。为了满足不同学习者的个性化需求，互动教学强调师生间的沟通与协商，从而共同确立自主学习的指导方针，而非推崇单一固定的学习计划或方法。

教师的职责在于构建充满活力与趣味性的课堂氛围，打造真实且开放的互动环境，并采用多样化且灵活的互动形式，充分调动学习者的学习兴趣，使学习者积极参与教学设计，并及时给予有效的反馈，从而培养学习者的自信心。同时，教师在教学活动中要充分挖掘学习者的认知潜能，发挥学习者的个性特点，使学习者充分认识和了解自己，自主选择学习策略，真正学会自主学习。

3. 互动的全程性

根据互动教学模式的要求，教师和学生需在课堂教学的每个环节中积极贯彻互动理念，构建多元化的互动模式，以促进教学效果的提升。例如，在小组活动中，学生积极参与合作与交流，共同探讨问题并分享个人见解，有效促进了团队协作与知识共享；在阅读教学材料时，学生主动进行认知互动，通过深入思考和积极提问等方式，不断加深对知识的理解和掌握；在利用网络平台进行学习时，学生充分利用信息互动的优势，积极搜索相关资料并参与讨论交流，从而拓宽学习视野。此外，在课堂环境中，师生之间的行为互动和情感互动同样不可忽视。这些互动形式的顺利实施离不开学生的积极参与和主动性的发挥，它们不仅是培养学生学习能力的重要手段，还是提升教学效果的关键环节。

二、合作教学

合作教学是以学习者为中心，充分尊重学习者的个性特点，以学习者之间的交流与合作为基础的教学模式。

（一）合作教学的主要形式

合作教学主要有生生合作教学、师生合作教学、师师合作教学和全员合作教学等几种形式。

1．生生合作教学

①生生合作教学以学习小组作为合作教学的基本组织形式。在小组学习活动中，要求把每一个成员的个人利益和小组的集体利益统一起来，小组成员之间充分沟通、主动交流、分工合作、积极协调、资源共享、信赖互助，共同完成学习任务。

②合作学习是以小组成绩作为评价标准的，在学习小组中的每个小组成员都承担一定的学习任务，每个小组成员在学习活动中的表现不仅影响到个人成绩，还会影响到小组成绩，反之小组的整体表现也是评价个体的重要依据。

③在完成学习任务的过程中，小组成员之间的合作质量很大程度上取决于小组成员之间交往与合作能力的高低，因此培养学习者之间互相信任、理解、支持、协调的意识应当成为教师在教学过程中的一项重要内容。

④合作学习强调由学习者自己来设计、组织和执行过程评价的相关内容，学习小组应当定期组织活动，维护小组成员间的良好合作关系，确保小组活动的有效实施和小组功能的切实发挥。

2．师生合作教学

这一教学模式以20世纪80年代中后期由格鲁吉亚教育家阿莫纳什维利（Amonashvili）提出的合作教育学为典型代表，合作教育学是以师生合作为基本出发点的一种教育教学理论，其核心要点包括以下几种。

①积极倡导师生之间构建一种以相互合作、平等交流、相互信赖和相互尊重为基础的和谐关系，主张教师在教学过程中要善于创造一种生动活泼的、民主和谐的教学情境和课堂氛围，使学习者感到自己是教学过程的主动参与者、积极建设者、自我设计者、自主管理者，注重激发学习者的学习积极性，形成学习者强烈的学习动机，使学习成为学习者的自觉行为。

②强调学习者的个性发展，相信每个学习者的内在潜能及其发展前景，更加关注学习者创新能力的发展，基于“最近发展区”教学思想努力提高学习者的自主学习能力，使每个学习者都成为一个独特的个体。

③提倡采用实质性的评价方式，其核心在于将预先设定的教学目标任务与学习者所取得的学业成效进行比对，以便确定是否开展下一步的学习任务。实质性评价分为由教师和同伴进行的外在性评价和学习者进行的自我评价，对学习者的学习起到激励、促进、校正、调节和控制的作用，使学习者的学习有明确的目标，促进学习者自主学习能力的提高。

3. 师师合作教学

这一教学模式以20世纪80年代末在美国兴起的“合作授课”为典型代表。该模式积极倡导由具备互补性专业技能的教师在同一课堂共同负责课堂的组织与管理，并协同进行教学活动。其最为显著的特点在于教师能够精准地把握自身的长处与短处，并有效地规避短板，进而充分展现和发挥各自的专业优势与特长，从而提高整体教学水平；同时，教师之间的互相帮助，也为学习者树立了合作教学的典范，给学习者以潜移默化的影响。具体形式主要有以下几种。

一是平行模式。教学团队全体成员经过深入研讨，共同确定教学过程、教学方式以及教学内容。在实际教学过程中，采用差异化教学策略，针对同一班级内的不同学习小组分别展开教学。在整个教学过程中，班级始终保持整体状态，并不进行拆分。教师会根据各学习小组的学习情况，给予相应的反馈和指导，以确保教学质量和效果。

二是支持模式。教学团队所有成员同时出现在同一课堂中，根据他们的个人专长轮流向学习者讲解其中一部分的教学内容。在这一过程中，主讲教师将担任主导角色，负责引导并讲解相关知识，而其他教师则暂时处于辅助地位，配合主讲教师完成教学任务。

三是典型模式。教学团队全体成员齐心协力，共同规划教学方式、教学内容及教学过程，确保在同一班级的教学实施过程中能够互相配合、紧密协作。成员依托各自的专业背景与视角，积极展开交流互动，针对同一教学主题进行深入探讨与分析，以实现教学质量的全面提升。

四是嘉宾模式。确定一名教师为主讲教师，他对教学目标设定、教学计划编制、教学过程管理、学习成绩评价等各教学环节承担完全责任，同时定期邀请相关专业的专家学者作为嘉宾与授课教师合作，深度参与教学过程。

4. 全员合作教学

中国学者系统地总结了生生合作教学、师生合作教学、师师合作教学等合作教学模式的规律特点，进一步借鉴和吸收了国内外相关教学理论，从而在具体教学实践中提出了全员合作教学思想。全员合作教学以小组学习为主要学习形式，强调教学过程中各相关教学要素之间围绕学习目标要求进行全方位的合作、互动，在整个教学系统中所有的教学动态因素都是不可或缺的，对于教学目标的达成都是同等重要的。因此，全员合作教学理论着重强调在教学过程中应全面融入所有相关的教学动态因素及其互动活动，以确保教学的全面性和有效性，同时对学校、教师、网络的相关教学资源进行有效整合，以系统的观点和整体的思维协调运行。前面所述的生生合作教学、师生合作教学、师师合作教学也是全员合作教学的重要组成内容，教师根据教学需要采取不同的合作教学模式。

（二）合作教学的常用方法

1. 学业成绩小组划分

将学习者划分为若干个异质性学习小组，每个小组的成员在基础条件、学习能力、性格禀赋等方面具有一定的相似性，而与其他小组的成员具有很大的差异性。课堂教学中首先由教师明确教学内容和教学任务；其次以小组为单位组织学习活动，强调小组成员之间合作互助、协同交流的学习方式，确保所有学习者都能掌握教学内容；最后组织所有学习者参加学业测试。测试采取提高记分制，首先将学习者的测试成绩与他们以往测试成绩进行比较；其次根据成绩提高的幅度计算分值；最后将所有小组成员的分值合计起来作为小组成绩，并作为小组评价的依据，所以小组的成绩是建立在每个学习者成绩提高的基础上的。

2. 切块拼接法

教师把阅读材料按照内容主题划分为若干个独立的部分，然后将学习者编成若干个学习小组，学习小组的每个成员只承担其中一部分内容的学习。将负责学习同一部分阅读材料的同学单独组成专题小组，专门讨论他们所要学习的那部分教学内容。这些同学在完全掌握了这部分教学内容后分别返回各自的小组，将自己掌握的这部分教学内容向其他小组成员讲解。由于每个小组成员只是掌握了部分教学内容，只有领会和理解了其他小组成员的讲解才能掌握全部的教学内容，通过这种方式可以督促学习者努力提高学习质量，激发学习者对其他同学的学习产生兴趣，提高学习者之间互动合作学习的积极性和主动性。

3. 小组游戏竞赛法

小组游戏竞赛法与学业成绩小组划分的小组活动形式类似，只是以竞赛代替了测试。本组的学习者在竞赛桌旁同来自其他小组的学习者进行竞赛，一同参加竞赛的是以往学习成绩相近的同学。由于学习者代表自己的小组单独参加竞赛，每个小组成员都要为了提高自己学习小组的成绩而全力以赴。同时，教师要在每次竞赛结束时对学习者的成绩重新排列，确定参加下次竞赛的人员组合，始终确保能力水平相近的学习者在一起参加比赛，每个竞赛组的获胜者都为其所在学习小组赢得相同分数。这就意味着不同能力水平的学习者都有取得成功的平等机会，有利于激发学习者的学习热情。

4. 小组促进教学

小组促进教学是个别化教学思想与小组合作学习的有机结合。各个学习小组都运用相同的学习策略，差别在于每个学习小组使用的教学素材各不相同，选择教学素材的依据是符合自己小组实际情况的个别化要求。小组成员的学习测试也是在学习小组内部进行，小组的成绩是根据小组成员在一定教学周期内完成的平均教学单元数量以及掌握程度形成的。

5. 共同学习模式

共同学习模式与学业成绩小组划分的分组方式类似，根据每个学习者在学习成绩、能力水平、气质禀性等方面的差异性，分成若干个具有异质性的学习小组。教师首先根据每个学习小组的实际情况分别设定不同的教学目标和教学任务；其次要求每个学习小组按照教师指定的作业清单进行小组合作学习，并以小组为单位提交完成的作业清单；最后教师以小组为单位进行讲评。

6. 小组调查法

小组调查法强调以学习小组自行组织的学习活动为载体展开探究性合作学习。具体来说，教师先围绕单元教学内容设置一系列不同类型的研究课题，每个小组从中选择一个适合本组情况的子课题，各学习小组再将子课题分解成若干个独立的研究部分并分配给每个小组成员。各小组成员首先各自开展探究性学习；其次汇总形成小组研究报告；最后以小组为单位在班级进行展示，介绍小组的研究成果和学习体会。

第四节　翻转课堂

20世纪90年代以来，数字化技术、多媒体技术和网络信息技术在教学中得到广泛应用，在线教育异军突起，网上涌现出大量的教学信息资源，极大地推动了教学模式的创新发展和对传统教学理论思想的进一步诠释。近年来翻转课堂作为信息技术与教学理论深度融合的成功案例成为教学改革的热点。

一、翻转课堂概述

翻转课堂，也称“颠倒课堂”，其核心理念在于对课堂内外的教学时间进行科学且合理的优化配置，以此实现学习主动权由教师向学生的平稳过渡。在这一独特的教学模式下，学生得以充分利用课堂这一宝贵的学习时段，全身心投入主动型、项目导向的学习活动中。通过共同参与研究、深入探讨各类问题，学生能够实现对知识的更深层次理解与牢固掌握。这一模式的实施有效促进了学生的全面发展与能力提升。

在翻转课堂的实施中，教师将不再占用过多的课堂时间用于传统的知识传授。相反，教师鼓励学生在课前自主完成学习任务，通过多样化的方式，如收听播客、观看视频讲座、阅读功能丰富的电子书籍等来获取知识。同时，学生可以利用网络平台与同学们展开深入的讨论，随时查阅所需的学习资料，从而提升自主学习能力。这样的教学模式安排，使得教师能够腾出更多的时间与每位学生展开深入的交流，并针对他们的个性化需求提供精准的指导和帮助。

课后，学生需自主进行学习内容的科学规划，确保学习节奏合理有序，同时选择符合自身特点的学习风格，并确定有效的知识呈现方式，以提升学习效果。教师灵活运用协作法、讲授法等多样化的教学方法，以满足学生个性化的学习需求，进而引导学生在实践中获得更为真实而深刻的学习体验，促进其全面发展。翻转课堂模式作为大教育运动的关键一环，与探究性学习、混合式学习等教学方法和工具深度融合，共同促进了学习方式的主动化与灵活化。这一模式的实施极大地提升了学生的参与度。

在当今互联网时代背景下，学生得以借助网络平台接触并学习形式多样的在线课程，此举有效突破了传统学校课堂教学模式的局限性，尤其值得一提的是，移动互联网的广泛普及为翻转课堂的顺利实施提供了坚实而有力的技术支撑。翻转课堂作为一种新型教学模式，彻底改变了基于印刷术的传统课堂教学结构与流程，进而引发了课程教学模式、教师角色定位以及教学管理模式等一系列深刻变革。具体来说，翻转课堂使得教师角色从单纯的知识传授者转变为学习的引导者和协助者。他们需要设计课前学习任务，引导学生自主学习，并在课堂上为学生提供个性化指导。此外，翻转课堂还推动了课程模式的创新，使得课程内容更加贴近学生实际需求，更具实用性和趣味性。同时，翻转课堂也对学校管理模式提出了新的挑战。学校需要建立完善的在线学习平台，为学生提供丰富的学习资源；还需要加强对学生自主学习能力的培养，帮助他们养成良好的学习习惯和方法。

总之，翻转课堂作为一种新型教学模式，为教育改革注入了新的活力。它不仅提高了学生的学习积极性和参与度，还有助于培养他们的自主学习能力、团队协作精神和创新思维。随着教育技术的不断发展，翻转课堂将在未来的教育领域中发挥越来越重要的作用。

二、翻转课堂教学过程

翻转课堂教学的一般过程可以概括为首先由教师确定翻转目标，制作教学短视频并根据视频教学内容向学习者提出问题；其次学习者利用课外时间自主学习视频教学内容，查找相关背景资料，尝试解决问题，也可以以学习小组集体讨论的方式进一步深化理解教学内容；最后在课堂上由学习者汇报自主学习成果，由教师对学习者的学习情况进行点评和答疑解惑。

（一）确定翻转目标

教师要先确定教学目标和学习目标，明确想要学生通过翻转课堂达到的学习成果和能力。这有助于指导后续的教学设计和学习活动安排。在明确课程目标的基础上，教师需要界定翻转目标，即通过翻转课堂希望学生达到的具体学习成果和能力。这些目标应该与课程目标保持一致，并考虑到翻转课堂的特点和优势。教师应该考虑到学生的需求和特点，确定翻转目标时需要考虑到学生的学习风格、水平和背景知识，以确保目标的合理性和可行性。在翻转课堂教学中，学习者真正成为课堂教学的主体，知识的建构过程主要由学习者自己来完成，教师要充分考虑到学习者的性格特点、认知能力和在不同学习阶段的不同需求，采取有针对性的教学策略。比如，当学习者处于学习起步阶段时，对教师依赖度较高，教师要注意加强教育引导，使学习者已有认知结构顺利地迁移到新知识的学习中。当学习者对学习内容产生兴趣时，教师要采取激励措施，激发学习者的学习动机，鼓励学习者主动探究和建构新知识。当学习者掌握了一定的基础知识时，他们就会有意识地调控自己的学习进程，主动参与小组活动和课堂教学过程，教师要协调好学习者的不同观点看法，通过引导和讨论等方式形成学习者对教学内容的正确理解并内化为己有的认知结构。当学习者进入学习的高级阶段时，学习者已经具备了较强的认知能力，能够对学习过程进行自主规划管理，能够对学习任务进行主动探究，这时教师更多是扮演好顾问的角色。所以在每一个学习阶段教师要有针对性地设计教学活动和策略，帮助学习者不断增强自主学习能力，顺利完成教学任务。

在充分了解学习者需求的基础上确定翻转目标，可以尝试把一个单元或一节课的教学内容进行翻转。具体做法是把计划进行的教学内容根据学习者掌握的难易程度进行分解，把词汇分类记忆、语法规则梳理、课文内容翻译、背景资料收集等这样一些基础性的、易于掌握的教学内容通过教学视频进行系统讲解，由学习者在课前自学完成，主要是培养学习者的自主学习意识。对于像疑难句式分析、篇章结构讲解和写作手法运用等这样一些学习者难以把握的教学内容则通过课堂学习讨论来完成，主要是培养学习者的思辨能力。总之，要着眼于培养学习者从知识的学习、领会、应用等较为初级的认知要求逐步过渡到分析、综合、评价等较为高级的认知要求，要做到分层次设置教学目标任务。

（二）制作教学短视频

明确目标后教师可制作教学短视频，将制作好的短视频发布到适当的平台上，如在线学习管理系统、视频共享网站或学校的教学平台，以供学生能够方便地访问和观看。录制教学视频是一个十分关键的环节。一是教学视频的形式要灵活生动，尽可能采取新颖活泼的表达形式，比如，可以在教学视频中添加一些填词游戏等，增加师生的互动性；也可以每一段教学视频从内容到形式均有所变化，使学习者产生新鲜感，从而引发学习者的学习兴趣。二是教学视频的内容要避免单调枯燥，要结合学习者实际生活情况，尽可能把真实场景嵌入教学内容，或者模拟目的语国家的真实情境，以便于学习者理解。三是教学视频的难易程度要适中，难度太大会使学习者产生消极畏难情绪，失去学习自信心；难度太小也不利于学习者自主学习能力的提高和思辨能力的培养。四是教学视频的设计要具有独立性、选择性，教师制作教学视频时要考虑到学习者的学习方式、学习时间和精力分配的实际情况，每一段教学视频不宜过长，一般只围绕一个主题来展开，也可以通过设置必选部分、可选部分、提高部分等多个水平层次和多种形式的练习以满足学习者的不同需求。五是各个教学视频之间要具有渐近性、关联性，通过教学视频能够向学习者提出一系列引导性、递进性问题，使学习者能够针对教学内容展开进一步的积极思考和主动探究，提高学习者自主学习质量，进一步激发学习者的学习兴趣。

（三）进行自主学习

翻转课堂教学的课前自主学习与传统课堂教学的课前预习有很大不同，传统课堂教学的课前预习是由学习者自发进行，没有相应的教学任务要求，教师也不进行相应的指导，学习者完全是根据自己的情况进行主动学习行为，与教师在课堂上的教学内容没有必然的联系。在翻转课堂教学中，教师提前把学习资料、教学视频、学习网站等教学资源发给学习者，同时针对教学内容提出一系列引导性、递进式的问题要求学习者提前完成。课前学习任务的形式比较灵活，如练习题、问卷调查。教师根据学习者课前问题完成情况的反馈就可以了解每个学习者在学习新知识时存在的困惑和难点，教师要提供个性化的自主学习指南，帮助每个学习者形成自主学习的路径规划，最后学习者把自主学习过程中无法解决的问题带到课堂上。这样课堂教学就会更有针对性，有效调动学习者的主动性和积极性，及时解决存在问题，提高学习效率。

（四）组织课堂教学

翻转课堂将教学过程前移，学习者先通过教学视频进行自主学习，在课前就可以较好地掌握教学内容的基础知识，学习者利用课堂时间主要是对课前自主学习情况进行回顾、应用、内化和提升。课堂学习仍然是翻转课堂的核心环节，教师在设计课堂活动时应充分依据学习者自主学习过程中的反馈情况来进行。

教师可以在课前收集学习者自主学习的情况，或者由学习者自己提交在课前自主学习时发现的困惑和无法解决的问题，也可以利用课堂时间进行一些简单测试。

在课堂上，教师先鼓励学习者分享他们在观看教学短视频后的学习成果和体会，这可以通过提出开放性问题或者要求学习者准备简短的汇报来实现，学习者的分享可以帮助教师了解他们的理解程度和学习体验。教师在听取学习者的汇报后，提供针对性的点评和反馈。这不仅包括肯定学习者的成果，还包括解决可能存在的误解或困惑。学习者需在课后实践应用阶段，通过完成一系列具备较高难度且具备代表性的练习题，对教师在课堂中所详细阐述的部分内容进一步加深理解、巩固所学，并能在此基础上进行灵活应用与拓展，实现举一反三的效果。只有当学习者通过主动积极地自己去解决学习中遇到的问题，才能有效地将知识内化，才能有助于提高学习者独立思考的能力，从而系统地构建自己的认知体系。

学习者在实践应用环节经常会遇到一些自己无法解决的问题，或者是教师针对学习者学习过程中的共性问题提出一些需要学习者共同讨论的话题，这就需要进一步组织开展协作探究活动。依据学生的独特特征及个性化学习需求，教师巧妙采用异质分组教学策略，旨在确保每个小组内部成员结构的多元性和互补性。在此基础上，教师进一步厘清小组成员各自的分工与责任界定，以充分调动每位成员的积极性，提高其参与程度。通过精心策划与组织协作探究活动，教师积极引导学生踊跃表达个人见解，鼓励他们相互分享学习心得、开展深入交流与热烈讨论，从而有效提升学生的合作意识和团队协作能力。此外，教师要大力提倡学生运用头脑风暴的方法，集众人的智慧，共同应对学习过程中的难题与挑战，以期促进学生的全面发展及综合素质的显著提升。

为了进一步加强小组之间学习经验的分享和交流，教师可以组织各个学习小组采取多种形式进行教学成果展示，如主题演讲、小型竞赛等活动。通过这些活动的开展，学习者学会了从不同角度来处理问题，提高了口语表达能力，增强了学习自信心，认知能力、思维能力、解决问题能力等方面也得到了全方位的锻炼和提高。

通过对学习者表现的具体分析和建议，教师可以帮助他们更好地理解和掌握知识。在学习者汇报和点评的过程中，教师随时准备回答学习者的提问，并解决他们的疑惑。这可以通过现场解答、引导学习者深入思考或者提供补充材料来实现。确保学习者在课堂上得到充分的支持和帮助，进而加深对知识的理解。针对学习者的个性化学习需求，教师可以在课堂上提供个别支持和辅导。

第五节 MOOCs 与 SPOC

大规模在线开放课程（MOOCs）是一种新兴的教育形式。Edx 是最具代表性的 MOOCs 平台之一。2013 年，Edx 开始将 MOOCs 平台开源，称之为 Open Edx，主动邀请各类组织使用源代码搭建个性化学习平台，清华大学于 2013 年正式推出国内首个基于 Open Edx 开源代码的学堂在线项目。此后，MOOCs 在国内得到迅速推广，以 MOOCs、SPOC 为代表的在线教育新样态极大地推动了外语教学理论的进一步发展。

一、MOOCs 教学

（一）教学形式

MOOCs 的授课方式十分灵活，教师将每门课划分为若干单元，再将每个单元细分为若干知识节点。知识节点可以是单元教学内容的重点和难点，也可以是单元教学中的一个特定问题，每个知识节点都具有自己的独立结构，表现一个特定的教学主题。但是由于知识节点包含的主题范围较小，所以不需要用太长的篇幅和时间就可以讲清楚。

每个知识节点的教学内容录制成若干个短视频片段。为了适应学习者自主学习的需要，每个视频片段的播放时间长度一般控制在十分钟左右。视频中只聚焦于知识的讲解过程，一般不会出现主讲教师和学习者。每个视频片段之间一般都设计了若干道知识测试题，学习者只有正确回答问题后才能进入下一个视频片段的学习。

除了提供教学视频片段，教师还可以根据学习者的实际需求提供教学计划、教学资源、课后总结和练习等各种形式的辅助。同时，教师还可以根据学习者的在线学习表现，利用学习者在网络学习过程中生成的相关数据和信息，采取人工智能和网络大数据信息挖掘等现代信息技术手段，精准分析和研判学习者的认知规律特点，提供符合学习者个性需求的资讯服务和教学指导，并提供个性化的评价结果和反馈意见。

（二）教学特点

1. 以学习者为中心

MOOCs 还原了学的本质，课程设计紧密围绕学习者的实际需求进行。学习者享有充分的自主权，能够自我掌控学习进度，从而实现了对学习的全面自主控制。在学习过程中，学习者可根据个人的学习习惯和偏好，灵活选择并运用多样化的学习工具和软件平台，以便更好地满足个性化学习需求。同时，学习者也拥有自由选择学习内容的权利，有助于提升其学习兴趣和动力，进而取得更好的学习效果。如果学习者在学习过程中有疑问，可以在软件平台上直接提出并随时可以获得解答。所以在 MOOCs 教学中，学习者既是课程的消费者，又是课程的建设者和创造者，这有效地体现了学习者对知识的建构过程和深度理解，而不再只是对知识的被动接受。

2. 拓展了时空限制

随着现代信息技术（如互联网技术、云计算、大数据、移动技术、无线通信技术）的发展，特别是各种智能手机、平板电脑等移动终端的普及，学习者的学习活动不再受时间、地点的制约，学习者可以随时随地获取自己需要的知识，而不再局限于传统的课堂教学。MOOCs采取的微视频形式简单，内容短小，问题集中，下载方便，利用MOOCs进行碎片化学习将成为学习者终身学习的重要方式。

3. 创设沉浸式学习情境

数字化时代，课堂教学不再是教师到学习者的单向信息传递，而是学习者与教师、同伴、社会之间进行的具有社会性的交流互动过程的一个载体。随着网络新技术的不断普及，人们更习惯于在网络上获取信息、发表观点、交流沟通。MOOCs是一种在线学习方式，应用主流社交网络平台为学习者提供自由交流的空间，学习者自己组织建立学习社区，开展研究性学习、合作性学习，切合网络时代的交往习惯和参与方式，形成多元化的网络学习生态环境，有利于激发学习者的学习兴趣。

4. 共享优质资源

MOOCs平台将世界著名高校优秀教师的精品课程进行汇聚整合，并向世界各地的所有学习者提供，打破了现有大学体制对优质教学资源的独占、垄断与控制，推动了优质教学资源的开放共享和普及推广，教师在组织基础知识和基本技能的教学时可以充分利用这些共享的高质量的优质资源，从而把主要精力和时间放在与学习者进行沟通、交流和对话的过程中，针对学习者的具体情况进行有针对性的教学指导。

5. 提高教学管理效率

在MOOCs注册的学习者在网络平台上完成选课后，MOOCs的教学管理部门很快就可以生成课表，为每个学习者量身定做教学计划，这样大的工作量和复杂的教学管理任务是大学传统的教学管理方式根本无法承担的。一些大学也开始探索对其他大学开发的MOOCs平台课程的学分互认问题。2014年教育部委托清华大学成立MOOCs研究中心开始进行MOOCs学分认证顶层设计的研究，一个基于MOOCs的更加开放灵活的教学管理体系正在形成。

（三）MOOCs的不足

高校在培养人的文化素质方面具有无可替代的作用，进行面对面的交流沟通仍然是师生之间互动的最有效方式。学习者通过具体的学习活动建立真实的社会关系，在真实的教学情境的潜移默化地影响下实现人的全面发展。MOOCs平台无法给学习者带来师生互动的真实体验与校园文化的熏陶，无法给予学习者学习的归属感和情感的体验。

MOOCs 上的优质课程资源大多是由一流名校的学者提供的，他们在自己的学科专业领域具有无可比拟的权威性，通过这种方式可以进一步扩大他们在世界范围内的示范、辐射、带动效应和广泛影响。但对于部分应用型本科院校而言，MOOCs 的课程优势并不如人们预期的那样明显，主要原因在于学校的专业建设必须符合学校的人才培养定位要求。应用型本科院校引入的 MOOCs 课程资源不仅要考虑到在本学科专业领域内的前沿性和学术性，还要考虑它们的实用性和适用性，要与学校现有的实际教学水平、学习者能力素质、学校教学管理的条件建设配套相衔接、相配套，才能发挥最优化的作用。

（四）启示和影响

在传统的课堂教学中，对学习者来讲，教师拥有绝对的学术权威。在 MOOCs 平台上各行各业的人参加相关课程的学习，他们来自不同的学科背景，有不同的生活经历和不同的学习起点，能够以不同的视角审视教师的课程设计，自由发表评论，质疑甚至批判。同时，MOOCs 平台汇集了大量优秀教师的教学资源，对现实大学课堂中大量存在的低水平的课堂教学形成了巨大的冲击。这对大学教师既是一种全新的挑战，更是一种有力的鞭策，督促教师在与学习者的互动中对自己的教学过程和教学效果进行主动检视和反思，同时积极吸收 MOOCs 平台中其他优秀教师的教学成果，促进教师的专业发展。

高质量的 MOOCs 课程包括了教学视频的录制、教学管理系统的生成、教学资源的收集整理等各个教学环节的工作，单靠主讲教师一个人无法完成，需要有一个高水平的教学管理团队作为支撑。这就需要实行教师的专业化分工，将教师的个体教学行为提升到以团队合作为主要特征的学科专业建设层面，同时借助现代教育技术手段创设网络化、智能化、即时性的动态教学管理机制，使教师能够将更多的精力放在组织学习者完成学业、引导学习者知识建构、提高学习者的自主学习能力上。

传统大学的学习者是经过各种考核和选拔程序进入高校的，在学习能力、认知结构和学习需求等方面具有高度的相似性。课堂教学的目标、任务和内容都要严格遵循大学教学管理系统的相关规定和评价标准。在 MOOCs 平台上注册课程的学习者包括了不同背景、不同学科、不同层次、不同需求的学习者，他们的学习动机更为主动和积极，对课程选择的自由度更大、目的性更强，更加具有个性化、多样化的特点，为 MOOCs 的发展提供了多元动力和多重导向。

在传统教学管理系统中缺乏收集教学相关数据的工具和方法，缺乏对学习者信息的全面、深入分析，所以课程设计只能是顺应大多数学习者的学习需求，忽视了学习者的个性化差异。依托建立在云计算基础上的强大信息处理功能，学习者在 MOOCs 平台上的所有学习行为数据都能够被随时采集下来，通过大数据挖掘技术的运用，可以对学习者的学习过程进行个性化分类研究，准确掌握学习者的学习特点和思维模式。根据学习者的需要设计出有针对性的课程内容，进行个性化的教学指导，切实做到精准施教、因材施教。

有学者在研究中提出 MOOCs 平台允许学习者自由选择课程，也允许自由退出学习过程，这直接导致了较低的结业率，认为这是 MOOCs 学习方式存在的最大问题。但从另外一个方面来看，在 MOOCs 平台注册并完成课程学习的学习者的绝对数量仍然是传统课堂教学无法比拟的，MOOCs 平台为那些没有条件和机会接受规范课堂教育的学习者，为那些出于职业需要而接受继续教育的学习者，为那些出于兴趣爱好展开自主学习的学习者提供了一切可能。以满足学习者的个性化需要为出发点将是未来教育发展的趋势。

二、SPOC 教学

一些学者针对 MOOCs 的不足进行了改进，其中影响比较大的是由加利福尼亚大学伯克利分校慕课实验室于 2013 年首次提出的小规模限制性在线课程（SPOC）这一概念，SPOC 与 MOOCs 既相对又相关，SPOC 中的“S”和“P”分别指“small（小的）”和“private（私人的）”，与 MOOCs 中的“massive（大量的）”和“open（开放的）”相对。

（一）SPOC 的主要特点

基于 SPOC 的教学模式有利于培养知行合一、具有创新精神的全面发展的人。一方面 SPOC 平台开放的学习资源，为学习者提供了反复观看视频的机会，使其能够针对难点和重点问题进行深入学习。同时，学习者还可以自主管理学习进度，满足了个体化发展的需求，提升了学习效果。另一方面 SPOC 将线下实体课堂的面对面讨论与线上网络平台的互动交流紧密结合，形成线上线下的良性互动与互补效应，为学习者提供多视角探究、多维度协作、多层次互动的教学环境，注重培养学习者的批判思维、自主学习和创新精神，形成主动积极的学习态度，有助于全人教育目标的达成。

MOOCs 的教学资源主要是来自世界一流名校的优秀教师的精品课程，相比较而言，SPOC 的教学资源更加丰富和多元，包括对纸质教材的进一步扩展、对视听资源的进一步丰富、对网络资源的进一步优化。

课堂教学之前教师要分析学习者的学习需求、兴趣爱好等可能影响学习效果的诸多因素，同时充分利用 SPOC 平台收集的学习过程数据和反馈信息。对于前期分析情况进一步修正，在此基础上，教师才能设计出具有针对性的、差异化的教学内容和教学活动，有效实施异质性教学。

教学活动的重要任务是着眼于培养学习者的创新能力、发现问题和解决问题的能力，要尽可能设计一些基于兴趣、问题驱动的主动探究式学习活动。SPOC 教学模式把基本的教学内容放在课前完成。

（二）基于 SPOC 的翻转课堂教学过程设计

1. 课前学习

教师根据教学任务要求对各类教学资源进行整合，作为学习资料上传到 SPOC 中心平台，供学习者课前自主学习。SPOC 中心平台可以建立交互式的自主学习中心，中心向注册的学习者开放与教学内容相关的各类线上演示培训项目、建立线上学习社区、以虚拟的方式体验目的语社会文化背景等，使学习者全方位了解教学要求，获得生动逼真的各种感性资料。

学习者应当独立自主地规划学习时间与地点，并依据教师上传的学习资料进行对照学习，以确保学习效果和质量的提升。在此过程中，学习者要确保按照要求完成所规定的全部学习内容，并以严谨的态度认真观看教学视频。在教学视频中通常要内嵌一些提问互动问题，引导学习者对学习重点和难点问题进行思考。教学视频的制作和表现形式应当灵活多样，如嘉宾访谈、场景再现、案例剖析等多种方式，使学习者具有强烈的现场感，有效提高教学效果。

学习者可通过 SPOC 中心平台设置的社交网站、学习论坛、留言板、微信、微博等即时通信软件随时发布求助信息、发表学习体会、上传学习资料，从而开展互动学习。

SPOC 平台具有丰富的测试技术手段，可以在教学视频中采取内容提问、单元测试等随课测试方式，也可以采取在线测验、作业测评等课后测试方式。平台可以利用自身集成的评价模块和评分系统对学习活动情况进行全过程记录，能够自动生成评价结果并及时向学习者反馈推送，使学习者能够随时了解自己的学习进度和学习效果，及时调整学习策略。

教师根据 SPOC 平台的大数据分析结果和平台收集的反馈信息，及时统计并掌握学习者学习的总体情况，重新梳理并准确把握教学内容当中的难点和重点，调整备课方案和教学设计。

2. 课堂教学

课堂教学过程中，教师可以根据学习者在课前自主学习过程中反映的一些共性问题、重点问题、难点问题进行进一步的讲解、示范，采取的方式可以由教师统一进行，也可以通过小组讨论的方式进行深化，进一步夯实学习者的学习基础。

教师可以在小组讨论环节中设计并提出一些劣构问题。劣构问题一般是指学习者对问题的理解存在不可知的部分、对问题的解决存在多样化的路径和方法、对问题的原因存在复杂的前提条件等方面的问题，而不像良构问题具有唯一的、直接的、明确的答案。劣构问题的解决过程也是学习者认知建构的过程，应当鼓励学习者以批判性、创新性思维去尝试不同的问题解决方案，培养学习者认知建构方法和元认知策略。

在小组活动中教师可以设计、组织一些批判性、反思性教学活动，如要求学习者以视频、音频、PPT 等多种形式展示自己的作品，引导学习者对自己和同伴的研究成果和学习观点进行质疑、辩论和反思。

教学任务完成后，学习者可以参照教师制定的评价量规进行自评和互评，教师也应对学习者完成教学任务的情况进行评价。

（三）SPOC 的局限

信息和网络技术的快速发展使得网络空间充斥了海量的信息，而与教学内容相关的知识散落在大量的网络平台之中，对这些信息进行收集、甄别、整理、分析以形成对学习者有用的教学素材，无论是对教师还是对学习者来说都是一个很大的挑战。学习者很容易出现茫然、迷思的现象，从而引发消极抵抗和畏难情绪。

SPOC 教学模式要求学习者在课后能够投入更多的时间完成学习任务，但是如果学习者的学习效果并不理想的话，那么在时间的投入和产出之间就出现了严重的失衡，会打击学习者学习的积极性。部分学习者对于评价机制往往缺乏正确的认识，通过在网站论坛不断发布质量较低的帖子来吸引他人的关注，但是这种参与方式模糊了学习者对学习难点和重点问题的聚焦，难以展开对教学内容持续地、深入地理解，使学习者的思维处于发散状态，进而带动整个群体的参与活动脱离正常的轨道。想要深入跟帖的、有价值的内容反而被迅速覆盖，给他人的学习带来了极大困扰。

SPOC 教学的开展需要接入互联网络，但是当前网络学习还存在一些难以克服的问题：一是网络的使用往往需要学习者自己支付相应的费用，在增加学习者时间成本的同时又增加了学习者的经济成本；二是网络性能的稳定与否直接对线上学习产生影响，由于学习时间呈现碎片化的特点，学习者主要通过无线网络方式完成教学任务，但是网络信号的不稳定制约了信息的传送；三是学习者上网时间的随意性较大，缺乏有效的监测，漫无目的的浏览常常冲淡了学习主题，对教学内容的理解消化往往是浅尝辄止，很难深入下去。

第三章 跨文化视角下的大学外语教学探索

本章为跨文化视角下的大学外语教学探索，分别介绍了三个方面的内容，依次是跨文化外语教学理论构建、跨文化视角下的外语教学的特点与原则、跨文化视角下的外语教学策略。

第一节 跨文化外语教学理论构建

在经济全球化步伐加快的今天，国际的交流与合作日趋紧密，文化多元化的趋势越发显著。跨文化交流成为常态，外语作为国际沟通的桥梁，其重要性日益凸显。然而文化差异往往成为阻碍有效沟通的障碍，导致误解和冲突的产生。因此，能否实现相互理解、共同发展的目标，关键在于能否进行高效的跨文化交流。外语作为跨文化交流的重要媒介，对于促进个人全面发展、提升国家综合实力具有至关重要的作用。自中国加入世界贸易组织以来，外语人才在促进对外开放、加强国际合作中发挥着越来越重要的作用。面对新形势、新挑战，外语教学工作需与时俱进，不断创新，以满足国家发展和国际交流的需要。我们必须高度重视外语教育，培养更多具备国际视野、跨文化交流能力的高素质外语人才，为推动构建人类命运共同体贡献力量。

文化博大精深，涵盖了丰富多彩的风土人情、千差万别的价值观念、拥有深厚底蕴的传统习俗、绚烂多姿的文学艺术、细致入微的行为规范、波澜壮阔的历史、广阔无垠的地理以及丰富多样的生活方式。语言是文化的重要载体，如果缺乏深厚的文化根基，则难以真正领会其精髓。然而，当前的外语教学往往过分强调语法的准确性，却对文化差异的重要性认识不足，这在一定程度上制约了学生跨文化交际能力的提升。因此，语言文化差异在教学中的正确处理已成为一个亟须关注与解决的重要问题。

一、跨文化在外语教学中的必要性

在二十世纪八九十年代，中国的外交活动尚显不足，社会整体呈现出相对封闭的特征。在此期间，学生学习外语的初衷主要基于课程设置或个人的兴趣偏好，其学习成效则主要通过考试分数来进行评判。然而，在全球经济一体化的背景下，国际交流越发频繁密切，中国在国际舞台上的地位也日渐凸显，发挥着越来越重要的作用。鉴于此，传统的大学外语教学模式已经难以适应当前国际交流日益频繁的需求。外语已不再仅仅局限于一门课程的范畴，而是成了影响国家综合实力和国际地位的关键因素。经济全球化与文化多元化的潮流汹涌而至，势不可挡。然而，目前外语教学中存在的诸多问题却在一定程度上阻碍了中国人交际能力的提升和深化。鉴于当前教学方式存在的局限性，中国在外语水平方面相较于发达国家仍存有一定的差距，甚至在某些具体领域上也未能超越部分发展中国家。这一客观存在的现状无疑已成为中国吸收外国科技文明、深化改革开放进程的重要制约因素。我们必须深刻认识到，外语教学的质量与效果对国家长远发展及人才培养质量具有至关重要的影响，亟须引起高度重视并采取有效措施加以解决和改进。

自中国加入世界贸易组织以来，融入经济全球化体系已成为一项重要任务，其中提升外语交际能力显得尤为重要。外语教学与社会发展相辅相成，其本质是一项国际事业，承载着推动国际交流与合作的重任。随着跨文化交际的蓬勃发展，全球文化认同的趋势日益明显，这体现了各国文化间的相互尊重与融合。文化交流的核心在于思想交流，深入研究语言差异有助于我们更好地理解文化差异，进而促进文化间的和谐共处。然而，作为地球村的成员，我们虽然倡导友好相处，但也不得不面对文化、民族乃至政治、经济等多方面的冲突与挑战。这些冲突与挑战既是我们前进的动力，也是我们不断完善自我、推动社会进步的重要契机。因此，我们需要以更加开放、包容的心态来面对这些差异与冲突，共同推动全球文化的繁荣与发展。

为了推动人类社会和谐共进，实现各民族间的和平共处与互利共赢，我们必须正视并积极应对跨文化交际所面临的挑战。加强各方之间的沟通协作、深化相互理解与认同是构建人类命运共同体的关键所在，也是实现和谐世界的必由之路。在经济、政治、外交等多个重要领域，妥善应对跨文化交际问题具有极其重要的战略地位。通过深入研究和理解不同民族的文化传统，我们能够更有效地消除误解、打破隔阂，进一步增进彼此间的理解与尊重，为推动国际交流与合作奠定坚实基础。在经济全球化浪潮日益汹涌的大背景下，文化冲突与交融现象日趋显著。因此，提升跨文化交际能力已成为当下时代的紧迫课题。在跨文化语言教学工作中，我们务必重视培养学生的交际有效性和语言准确性，助力他们更好地适应多元多变的国际环境。只有深入研究和掌握不同民族的文化和语言特色，我们才能更为有效地推进友好交往，共同构建更加和谐的世界秩序。

理解并尊重不同国家的文化差异在学生的成长过程中显得尤为重要。缺乏对文化背景知识的深入了解，往往会导致理解上的偏差和歧义，进而阻碍学生语感的培养和提升。所谓汉语式外语，是指那些未能遵循外语表达惯例的表达形式，这类现象的产生往往源于不同文化之间的差异。外语教学不仅承担着传授语言知识的重任，还致力于培养学生的跨文化交际能力，确保他们能在多元化的文化背景下实现高效、准确的沟通与交流。因此，外语教学在跨文化教育的整体框架中占据着不可或缺的重要地位。然而，当前社会对于毕业生外语能力的需求日益提升，而中国的外语教育却呈现出一定的滞后态势。受制于应试教育的框架以及传统教育观念的局限，中国的外语教学普遍聚焦于语言知识的传授，却忽视了对学生跨文化交际能力的系统培养。学生往往将大量时间投入词典查阅、单词记忆和句子结构的学习中，却鲜有实践机会来锻炼和提升他们的跨文化交际能力。这一现象亟须引起我们的高度重视，并采取相应的措施加以改进。因此，我们有必要对现有的外语教育进行改革和创新，注重培养学生的跨文化意识，提供更多的实践机会，使他们能够在多元化的文化环境中自如地运用外语，实现有效的沟通与交流。

学校外语教学旨在帮助学生掌握语言工具，深入思考其他国家文化，培养多方面发展的复合型人才。结合跨文化交际和外语教学，确保学生理解语言和文化之间的联系，突出语言的文化传播作用，提高语言交流的有效性。学生应了解国家文化背景，转换思维进行沟通。传统教学忽视语言工具作用，导致学生兴趣缺失，外语实际运用困难。外语的形成与文化因素紧密相连，因此，在提升外语能力的过程中，我们必须高度重视跨文化交际的理念。为了更有效地增强外语学习效果，应积极开展实战活动，使学生在真实的语境中运用外语进行交流，从而显著提升教学效果。

二、外语教学中跨文化教育的主要内容

在外语教学中，跨文化教育占据着举足轻重的地位。它不仅要求学生掌握语言技能，还要培养他们在不同文化背景下进行有效沟通和理解的能力。下面将详细探讨外语教学中跨文化教育的主要内容。

第一，词语的文化内涵。词语的文化内涵是语言与文化相互作用的重要体现。每个词语都承载着特定的指代范畴、情感色彩和联想意义。这些意义往往与特定

的文化背景和历史背景紧密相连。例如，某些具有文化背景的成语、谚语和惯用语，它们的运用不仅丰富了语言表达的层次，还能够反映出一个民族的文化传统和智慧。通过对这些词语的深入剖析，学生能够更好地理解一个民族的文化心理和价值观念。

第二，干扰言语交际的文化因素。干扰言语交际的文化因素也是不容忽视的。在跨文化交际中，招呼、问候、致谢、致歉、告别、打电话请求、邀请等用语的规范作用对于建立和谐的人际关系至关重要。此外，话题的选择、禁忌语、委婉语以及社交习俗和礼仪等因素也影响着交际的顺利进行。了解并遵循这些规范，有助于避免误解和冲突，促进有效沟通。

第三，了解和体会不同价值观念和思维习惯上的差异是外语教学中跨文化教育的重要内容。不同的文化背景下，人们的人生观、宇宙观、人际关系、道德准则以及语言的表达方式等方面都存在差异。这些差异可能导致在跨文化交际中的误解和冲突。因此，学生需要通过学习和了解不同文化的价值观念和思维习惯，以更加包容和理解的态度面对文化差异。

第四，非语言交际的表达方式也是外语教学中跨文化教育的主要内容。除言语外，手势、体态、衣饰以及对时间和空间的不同观念等非语言交际方式也在传递着丰富的文化信息。这些非语言交际方式往往与特定的文化传统和习俗紧密相连，是理解和感知文化的重要窗口。通过观察和学习这些非语言交际方式，我们可以更深入地了解一个民族的文化特色和生活方式。

第五，在外语教学的过程中，跨文化教育是至关重要的内容。这一环节包括但不限于通过学习课文来深入接触和了解相关外语国家的政治体制、经济状况、历史地理、文学传统以及当代社会概况。这些内容的掌握对于提升学生的跨文化交际能力、增强对多元文化的理解和尊重具有不可替代的作用。通过对这些内容的学习，学生可以更加全面地了解一个民族的文化背景和发展历程。这种综合性的学习有助于学生更深入地理解语言的文化内涵和交际规范，同时也能够拓宽学生的国际视野和跨文化交际能力。

三、外语教学中的跨文化教育

（一）阅读教学中的跨文化教育

外语教材中蕴含了丰富的阅读材料，这些材料不仅提供了语言知识，还包含了许多跨文化因素，为开展跨文化教育奠定了坚实的基础。实际上，外语阅读不仅仅是对文字的理解，更是一种跨文化交际的过程。在此学习过程中，学生所接触的读物均以外语撰写，并且此种语言与学生不甚熟悉的文化背景紧密相连。因此，如果想深刻领会阅读材料的精髓，学生不仅需扎实掌握外语知识，还需对外语国家的风土人情、文化内涵、宗教信仰等诸多方面有所涉猎与了解。在课本知识的深化与拓展工作中，教师要充分发掘并利用各类资源，与学生共同搜集、整理与教学内容紧密相关的素材资料，以丰富课堂教学内容，进一步拓宽学生的知识视野。以食品与健康这一教学话题为例，阅读材料中通常会涵盖外国快餐在中国市场的发展状况以及中国餐桌文化等多个方面的内容。对此，教师需积极引导学生深入剖析外国快餐的显著特点及其广泛流行的原因，同时深入探究中国餐桌文化的独特魅力，思考在跨文化交流过程中如何有效保持并弘扬本民族的优秀传统文化特色。此外，教师还可以结合课本内容，选择体现不同文化共性和差异的英文文章作为学生的补充阅读材料。这些文章可以涉及不同国家的风土人情、社会制度、价值观念等方面，让学生间接了解其他国家的文化和人民的生活方式。通过阅读这些文章，学生可以拓宽视野，增强跨文化意识，提高跨文化交际能力。在跨文化教育过程中，教师还需要注重培养学生的批判性思维能力。学生应该学会独立思考，对阅读材料中的观点和信息进行筛选和鉴别，形成自己的见解和判断。同时，教师也要鼓励学生积极参与课堂讨论，发表自己的观点和看法，与他人进行交流和碰撞，以促进思想的交流和文化的融合。

（二）词汇教学中的跨文化教育

外语词汇作为语言交流的基本单位，承载了丰富的文化内涵和历史积淀。在长期使用过程中，它们逐渐积累了各自独特的文化意义和表达习惯。因此，在外语教学工作中，教师必须高度重视外语词汇所蕴含的文化内涵的讲解，以防范学生仅从词汇表面含义出发，产生片面或带有主观色彩的评判。鉴于不同语言所承载的文化底蕴与语境差异，外语词汇与汉语词汇在表达上的意义往往呈现出明显的不同。例如，某些外语词汇在特定的文化背景下可能具有特定的含义或象征，而在汉语中则可能并无此类含义。这种差异不仅体现在词义上，更体现在词汇所蕴含的文化内涵和情感色彩上。为了使学生更好地理解和掌握外语词汇，教师要将文化差异作为词汇教学的一个重要组成部分。在教学中，教师可以通过比较中外文化差异，引导学生深入理解外语词汇的文化内涵和表达方式。此外，教师还可以通过具体实例和实证研究来加强学生对外语词汇文化意义的理解。例如，教师可以分析一些经典的文学作品或电影片段，让学生从中体会外语词汇在不同文化背景下的运用和表达。同时，教师还可以引导学生关注外语词汇在社会生活中的实际应用，如新闻报道、广告词汇等，以帮助他们更好地掌握外语词汇的实际运用技巧。通过对外语词汇文化意义的深入介绍和比较，学生可以在学习词汇的过程中真正领会到词的含义，并能正确运用所学的词汇进行交际。这样，学生不仅能够提高外语表达能力，还能够增强跨文化交流的能力，为未来的国际交往奠定坚实的基础。

（三）口语教学中的跨文化教育

在口语教学的初、中级阶段，教学内容主要围绕介绍在日常生活交往方面英汉主流文化的差异，以及这些差异在语言形式和运用中的具体表现。具体来说，要深入剖析不同国家在打招呼和告别、祝贺和赞扬、各种称呼以及其他社交礼节等方面的不同。例如，在打招呼时中国人可能会习惯性地问“吃了吗？”作为礼貌问候，而在有些国家中人们可能觉得这种问法侵犯了个人隐私；在称呼上，中国人常用亲属称谓来称呼非亲属关系的人，以示亲近，而有些国家的人则更倾向于使用正式的名字或职称；这些文化差异在口语教学中都是必须重视的。为了帮助学生更好地理解和适应这些文化差异，要结合具体的例子和场景进行模拟对话练习。

（四）语法教学中的跨文化教育

语法作为语言表达方式的精髓，其实质上是对连字成词、组词成句、句合成篇的基本规律进行归纳总结。它犹如一座桥梁连接着语言与思维，使学生能够更清晰地理解并运用语言。然而，文化背景的不同往往导致语言的表达方式各异，因此在学习外语时了解不同文化背景下的思维习惯以及它们对语言表达方式的影响，对于学生掌握外语语法、减少表达错误具有至关重要的意义。首先，学生要认识到文化背景与语言表达方式的紧密关系。每个民族都有其独特的文化传统和思维习惯，这些都在一定程度上影响着他们的语言表达方式。其次，了解不同文化背景下的思维习惯有助于学生更好地理解外语语法。在学习外语时，学生往往会遇到一些看似奇怪、难以理解的语法现象。然而，如果学生能够深入了解该语言所承载的文化背景及其思维习惯，那么这些看似复杂的语法现象就会变得容易理解。最后，体会文化差异对语言表达方式的影响还有助于学生在外语学习中避免一些常见的错误。由于文化背景和思维习惯的不同，学生在使用外语时可能会不自觉地受到母语的影响，从而产生一些不符合外语表达习惯的错误。因此，了解文化差异并尝试适应外语的表达方式，可以帮助学生减少这类错误，提高外语表达的准确性。

第二节　跨文化视角下的外语教学的特点与原则

一、跨文化视角下的外语教学在各阶段的特点

在中国当前的外语教育体系中，外语学习通常被划分为语言兴趣培养阶段、语言系统学习阶段和语言技能提升阶段三个阶段。

第一阶段：语言兴趣培养阶段。

这一时期的外语学习旨在激发学生的兴趣，培养听说能力而非传授语言知识。教学方法以游戏为主，注重日常应用。语言兴趣时期的外语教学应以寓教于乐为主，结合学生特点，通过说唱、游戏等方式激发学生的积极性。学生接受能力强，常在适时环境中复述所学。因为学习材料有限，语言表达简单直接，而外语习得与语用关系密切，所以在这一阶段语言交际机械，缺乏创造性和灵活性。

在语言兴趣时期，跨文化视角下的外语教学的特点主要体现在文化导入、情感体验以及培养口语交际能力和开放心态方面。①文化导入：引入简单的文化元素，让学习者初步了解目标语言所属文化的特点和习俗，培养跨文化意识。②情感体验：教学注重学习者对外语文化的情感体验和认同，通过歌曲、故事等形式激发学习者的情感投入。③口语交际：强调口语交际能力的培养，设计具有实践性和趣味性的口语活动，提高学习者的语言表达水平。④开放心态：培养学习者对不同文化的开放心态，鼓励积极尝试和接受文化差异，促进跨文化交际能力的发展。这些特点共同构成了跨文化视角下的外语教学在语言兴趣时期的教学特色，旨在通过情感体验、文化导入和口语交际等方式，培养学习者对外语文化的兴趣和认同，为其后续的外语学习打下坚实的基础。

第二阶段：语言系统学习阶段。

语言系统学习阶段是外语学习的关键阶段，受到多种因素的影响。语言知识需要学生在此阶段学成，但学生常感到困难，出现学习兴趣的两极分化。课堂教学主要依赖教科书，与实际语言运用有差距，导致语法正确但交际呆板。学生的语言能力与语言知识发展不均衡，难以处理二者关系。外语变体主要受到学生方言音、汉语句法及教师影响。教师在教学中的言行举止也对学生产生影响。

跨文化视角下的外语教学在语言学习时期的特点主要体现在以下方面：①深入理解目标语言文化：学习者在语言学习时期逐渐深入理解目标语言所属文化的各个方面，包括历史、文学、艺术、价值观念等，从而更好地理解和运用目标语言。

②文化比较与对比：强调学习者对目标语言文化与自身文化的比较和对比，促进跨文化认知的发展，帮助学习者更全面地理解两种文化之间的异同。③批判性思维培养：鼓励学习者运用批判性思维，审视和分析目标语言文化现象，从而形成独立、深入的文化见解，并培养跨文化交际的能力。④跨文化交际实践：强调学习者在实际交际中运用目标语言与母语者或其他非母语者进行跨文化交际，促进语言能力的提高和跨文化交际技能的发展。⑤文化适应与融合：培养学习者适应和融合目标语言文化的能力，使其能够在跨文化环境中自如地交流和生活，增强文化认同感和自信心。⑥多媒体教学与资源利用：利用多种多样的教学资源和多媒体技术，帮助学习者更生动地了解目标语言文化，增强学习的趣味性和有效性。在语言学习时期，跨文化视角下的外语教学旨在通过深入的文化学习、跨文化交际实践和批判性思维培养，使学习者能够全面理解和运用目标语言，同时逐步融入目标语言文化，并具备在跨文化环境中进行有效交流的能力。

第三阶段：语言技能提升阶段。

大学时期是外语学习的语言提高时期，学生在此期间往往能够感受到显著的学习成效。得益于优越的学习条件和浓厚的学习氛围，学生的学习积极性得到了充分激发。明确的学习目标促使学生积极主动参与外语学习与交流活动。经过中学六年的系统学习，学生已基本掌握外语基础知识，能够进行基本的语言沟通。大学阶段的学习则进一步巩固了这一基础，帮助学生发现并修正语言体系中的不足，同时深化对自身与外语本族人士语言差异的认识。在频繁的交流实践中，学生不断磨砺语言表达技巧，使之更加地道，更加贴合当地语言环境。

大学阶段外语学习特点为学生积极性高，能够形成有效学习策略。学生组建学习小组，相互督促提高，注重语言交际能力。他们听取国外广播、加强阅读和写作能力，并广泛获取外语资料。校园外语氛围浓厚，学生积极参与各项实践活动，如“外语角”和演讲比赛，发现不足并提升水平。

跨文化视角下的外语教学在语言提高时期的特点主要体现在以下方面。①深化文化理解：学习者在语言提高时期已经具备一定的语言基础，教学会进一步深化对目标语言文化的理解。重点放在文化的深层次认知上，包括价值观念、社会制度、历史演变等，以便更好地融入目标语言文化。②文化批判性思考：引导学习者对目标语言文化进行更深入的批判性思考和分析，不仅能够了解文化现象，还能够分析其背后的历史、社会和心理因素，从而形成更为成熟的文化见解。③跨文化交际技能强化：注重提高学习者在跨文化交际中的应变能力和自我调节能力。教学将更加强调真实场景下的跨文化交际实践，让学习者在不同文化背景下能够自如地应对各种交际挑战。④专业化语言学习：针对学习者的具体需求和兴趣，提供更加专业化的语言学习内容，如商务交流、学术论文写作等，以满足学习者在特定领域内的语言需求。⑤跨文化教学策略多样化：教学方法更加多样化，结合案例分析、角色扮演、讨论等方式，激发学习者的学习兴趣和参与度，促进跨文化交际技能的全面发展。⑥文化创新与创意表达：鼓励学习者在语言学习的过程中，结合自己的文化背景和目标语言文化，进行文化创新和创意表达，培养跨文化创意能力。在语言提高时期，跨文化视角下的外语教学旨在通过深化文化理解、加强跨文化交际能力和提高语言专业化水平，使学习者能够更加自如地运用目标语言，并在跨文化环境中展现出更高的语言能力和文化素养。

二、跨文化外语教学的原则

在了解跨文化外语教学的原则之前，先了解语言教学与双向文化教学是很重要的，因为它们为跨文化外语教学提供了基础和框架。

语言教学原则是指在教学过程中遵循的关于语言习得和教学的基本理念和规范。了解语言教学原则可以帮助教师更好地理解学习者的语言习得过程，设计合适的教学任务和活动，以促进学生的语言能力提高。在跨文化外语教学中，语言教学原则为教师提供了指导，使他们能够在培养学生语言能力的同时，注重跨文化交际能力和文化意识的培养。

双向文化教学强调不仅要教授目标语言的语言知识，还要培养学生对目标文化和自身文化的理解和尊重。它强调语言与文化之间的密切关系，认为语言是文化的载体之一。了解双向文化教学可以帮助教师更好地设计教学内容和活动，使学生能够在学习语言的同时了解和尊重目标文化，提高跨文化交际能力。

跨文化外语教学旨在培养学生的跨文化交际能力和文化意识，使他们能够在跨文化交流中自如地运用目标语言，并理解和尊重不同文化背景下的语言使用习惯和社会规范。了解语言教学和双向文化教学为跨文化外语教学提供了基础和框架，使教师能够更好地设计教学内容和策略，提高教学效果。因此，在了解跨文化外语教学的原则之前，先了解语言教学原则和双向文化教学是非常必要的。

（一）语言教学与双向文化教学

语言与文化之间紧密相连，密不可分。在外语学习的过程中，文化以其独特的方式发挥着非正式课程的作用。通过从文化视角对语言进行深入分析，不仅能够显著增强学习者的文化意识，还能有效提升其语言水平。对于第二外语学习者而言，他们更应致力于成为第二文化的学习者，将文化学习与语言学习紧密结合，以此推动更为高效且有效的交际与沟通。在学习过程中，学生应全面关注目的语文化和本土文化的了解，既要探究两者之间的相似性，又要深刻认识到其中的差异，从而进一步深化对文化的理解和认识。此外，母语文化在学习外语时可能成为一种障碍，也可能发挥促进作用。学习者对母语文化的深入理解能力同样可以应用于对目的语文化的理解和感知之中。根据认知教学法的核心理念，语言学习本质上是一个知识融合与整合的复杂过程。鉴于此，教师应主动担当起引导者的角色，积极促使学生对比并深入分析两种不同文化之间的异同与联系。通过这一对比分析的过程，能够进一步增强学生的文化理解力和外语学习成效，从而全面提升其语言运用能力和跨文化交际能力。

（二）双向文化导入

双向文化导入策略在跨文化语言教学中发挥着至关重要的作用，它能够有效促进文化双向理解与跨文化交际能力的全面培养。因此，在推进跨文化外语教学的实践过程中，我们应严格遵循双向文化导入的原则，确保教学活动的科学性与规范性。

1. 双向文化导入的原则

在跨文化交际中，双向文化导入是一项至关重要的任务。它不仅关乎学习者能否运用所掌握的语言文化知识进行有效交际，还直接关系到学习者对于不同文化的理解和尊重。因此，在双向文化导入的过程中，我们需要遵循几个核心原则，以确保教学效果的最佳化。

（1）交际性原则

交际性原则作为文化导入的基石，其重要性不言而喻。该原则着重强调，培养学习者运用所掌握的语言文化知识以实现高效交流，正是文化导入的最终追求。在教学过程中，所有影响跨文化交际顺利进行的基本文化知识，均应向学习者进行详尽而明确的讲解。这些基本知识可能包括文化习俗、社会礼仪、历史传统等。此外，为了增强学习者的语言学习兴趣和积极性，教师应及时补充那些有助于提升语言学习兴趣和熟练运用能力的文化知识。

（2）平等性原则

平等性原则在文化导入中具有至关重要的地位。各民族的文化都蕴含深厚的历史底蕴，凝聚着鲜明的民族特色。因此，在探索与吸纳多元文化的进程中，人们应当在相互尊重的前提下，秉持平等互鉴的立场。双向文化导入包括两个层面：

一是文化过程导入的双向性。在课堂教学中，教师应适度引入双向文化的教学内容，使学习者能够深入理解目标语言中人们在特定场合下的语言使用规范和习惯，以及不同文化背景下人们普遍遵循的社交准则和行为方式。此外，教师还应积极引导学习者利用已掌握的语言技能，向对方有效传递本民族的文化内涵与特色，以促进文化间的双向交流与深度融合。二是文化内容导入的双向性。在教学环节中，教师需通过深度剖析两种文化的共性与特性，从而有效培养学习者的文化敏锐性，以增进其跨文化理解和交流能力。此举旨在助力学习者克服母语文化所带来的学习障碍，避免其产生对其他语言文化相较于本民族文化的优越性偏见。此外，教师在处理不同民族文化时，应保持客观公正、无歧视、无偏见的立场，从而正确引导学习者树立正确的文化观念。

（3）相关性原则

相关性原则也是文化导入过程中不可忽视的一点。双向文化的导入应当紧密结合课堂教学内容，依据课程教材进行有序组织安排。教师在选取文化知识时，务必贴近学习者的实际情况，充分考虑他们的语言掌握程度以及接受与领悟能力，确保所选取的文化知识既相关又简明扼要，内容充实且真实可靠。同时，作为教师，更应审慎运用多样化的教学方法和策略，适度融入文化知识，通过循序渐进、由浅入深的方式，引导学习者进行学习和领悟。此举不仅能够有效激发学习者的学习兴趣和热情，还能助力他们更好地实现语言知识运用与文化知识学习的有机融合。

（4）适度性原则

适度性原则也是文化导入过程中需要遵循的重要原则。在教学实践过程中，教师应深入理解文化导入对目标语言教学的积极促进作用，同时需保持警惕，避免过度强调文化导入元素，以免忽略对学生语言基础技能的扎实训练，确保教学目标的全面实现。语言作为教学之本、目标之所在，始终是教学的核心和最终归宿。文化的适度引入并非意味着教学核心任务的转移或偏移。因此，教师应精心调控文化渗透与语言学习的比重，以保证文化输入既能助力学生领悟语言内涵，又不致干扰其语言技能的提升。

总之，在跨文化交际中遵循交际性、平等性、相关性和适度性原则进行文化导入是非常重要的。这些原则不仅有助于培养学习者的跨文化交际能力，还有助于促进不同文化之间的交流与融合。因此，在教学实践中教师应注重运用这些原则，以提高文化导入的效果和质量。

2.双向文化导入的内容

鉴于学生对于社会和自然界的认知具有相通之处，他们常能从不同的文化背景中提炼出共通的元素。然而，文化并非孤立存在而是在特定的自然环境和历史条件下形成，并因此展现出其独特的魅力。因此，在文化教学的实践中，教师不仅要关注文化的普遍性，还要致力于深入挖掘其差异性，以培养学生的双向文化思维习惯，从而拓宽其文化视野。具体而言，为加强文化教学，可从以下几个方面着手实施。

（1）篇章的文化信息

篇章的文化信息也是文化教学中不可忽视的一部分。语篇作为语言运用的重要形式之一，通常涉及目的语文化的背景知识。这些背景知识包括价值观念、节日习俗、思维方式、宗教信仰等方面。教师可以主动引导学生深入剖析篇章中所蕴含的文化内涵，旨在进一步拓宽学生的文化视野，从而使学生能够全面而深入地了解并深刻认识目标语言的文化背景。同时，通过挖掘文化信息，学生还可以提高他们对篇章内容的理解能力和鉴赏能力。

（2）语法的文化影响

语法的文化影响也是文化教学中的重要内容。不同文化背景下的语言往往具有不同的语法规则和表达方式。例如，汉语的语法结构具有相当的灵活性，强调意合，在表达中经常可以省略结构词，且常常依赖于句子间的内在逻辑关系来揭示意义。相较之下，一些外语的语法体系则更侧重于形合，其语法形式与所表达的意义之间保持高度的一致性。在这些外语中，逻辑术语常常作为结构词使用，用以确保表达的明确性与严谨性。因此，教师可以通过对比不同语言的语法特点，帮助学生了解不同文化背景下的思维习惯差异，从而提高他们的语言运用能力和跨文化交际能力。

（3）习语的文化差异

习语的文化差异是文化教学中不可忽视的一环。习语是语言中富有文化特色的部分，它们往往承载着丰富的历史和文化内涵。教师可以通过指导学生收集和对比不同文化中的习语，帮助学生理解不同文化间的异同，从而培养他们的跨文化交际能力。同时，通过习语的学习，学生还可以更深入地了解不同文化的思维方式和价值观念。

（4）词汇的文化内涵

词汇的文化内涵也是文化教学中需要关注的内容。不同文化背景下的词汇往往具有不同的文化内涵和象征意义。因此，教师需要细致阐释和深入分析不同文化中的词汇差异，帮助学生准确理解和运用这些词汇。通过词汇的学习，学生可以更深入地了解不同文化的历史、传统和风俗习惯等方面的知识。

3. 双向文化导入的策略

（1）发挥教师课堂引导作用

在外语课堂教学中，教师发挥着举足轻重的引导作用。他们不仅是知识的传授者，还是学生文化意识的塑造者和培养者。因此，教师在教学实践中应积极提升自身的文化意识，不断丰富自身的文化内涵，以更好地发挥课堂引导作用。首先，教师需充分理解外语教学中的文化元素，将其融入日常教学中。这包括了解目标语言国家的文化背景、历史传统、价值观念等方面，以及对比不同文化之间的差异和相似之处。通过在课堂上引导学生讨论和思考，教师可以帮助学生建立起对目标语言文化的兴趣和认知，进而提高他们的跨文化交际能力。其次，教师应注重培养自身的文化修养。这包括提高自身的外语水平、了解不同文化背景下的交际礼仪和习惯等方面。通过不断提升自身的文化修养，教师能够更加自信地面对教学中的各种挑战，为学生提供更为准确、生动的文化教学。最后，在传授语言知识的同时，教师还应适时地向学生传授如何运用外语表达本族文化。这不仅可以帮助学生更好地理解和欣赏自己的文化，还能增强他们的文化自信和自豪感。教师可以通过组织各种文化活动，如文化讲座、文化体验等，让学生在实践中学习和体验不同文化，从而提高他们的文化素养和跨文化交际能力。

（2）增加教材文化内容

教材作为教学内容的核心载体，对于教学成效具有至关重要的决定性作用。因此，在编纂教材时必须深入考量文化因素所蕴含的重要意义。第一，教材应充分融入母语文化元素，并深入对比两种文化的异同点，以此引导学生全面了解不同文化之间的差异与共性，避免在跨文化交流中出现不必要的尴尬和误解。第二，教材编写应精心挑选富含深厚文化底蕴的语言材料作为学习语篇，使学生在学习语言技能的同时，能够深刻领会目标语言所蕴含的文化精髓。

第三节　跨文化视角下的外语教学策略

一、完善培养目标

大学外语教学并非只是一种对语言工具的学习，更重要的是对所学语言的文化的认知，是对跨文化交际能力的培养。语言学习一直是人文自由教育最为显著的且决定性的特征，如今学习外语越来越重要，语言学习的好处包括提高对语言的理解力，从而可以更严密和精细地使用自己的语言；阅读外语文本，以及克服跨文化交际的障碍。外语技能和数学及定量的分析技能是通向未来学习和生活的钥匙，如果在早期不发展这些技能，他们的未来学习和生活必将受到限制。这些技能需要在大学进一步深化，如果外语技能和数学在大学不能够使用，学生将会逐渐失去这些技能。大学外语教学可视为扩展国民之间交流和在全球范围内扩展中华文化软实力的重要手段之一。具有良好的外语能力、了解外国文化和习俗、积极参与国际交流的国民，无疑对国家形象有良好的促进作用。

借用梁启超先生划分中国史的方法来明确大学外语教学中母语文化的定位。梁启超先生的《中国史叙论》一书作为中国通史的纲领性著作，将中国史明确划分为三个阶段：中国的中国、亚洲的中国以及世界的中国。此划分不仅体现了历史发展的内在逻辑，还凸显了中国在世界历史进程中的独特地位与影响。中国的文化之所以成为中华文化，是在中国的主要人口增强了成群的共同意识之后。秦汉帝国四百年的熔铸将“中国之中国”定型。在东汉之后，外族入侵加上佛教传入，中国始终有外围的挑战，实际已是亚洲之中国。“世界之中国”始于清乾隆末期或者还可以更加提前。如果中国在“亚洲之中国”阶段就能发展出与其他文化共存平等的心态，以及对其他文化的尊重与认识，则中国在进入“世界之中国”时，不至于心理上毫无准备而一败涂地。今天的中国人已经认识到中国只是世界的一部分，中华文化只是在人类文明中占了一席而已。

大学外语教学的内容要以母语文化为基础，这是学生在跨文化交际中的立身根本。但在大学外语的课堂中进行母语文化教学，超出了大学外语教学的要求，也不是大学外语教学单独可以完成的。因此，大学外语教学中的母语文化内容主要以母语文化内容的外语翻译即如何表述母语文化内容为主，同时进行母语文化与目的语文化的对比。

大学外语教学要涉及其他文化的内容。在经济全球化的今天，外语已不仅仅被用来与以外语为母语的人士交往，大学生还可能使用外语与来自其他国家的人士交往。因此，大学外语教学的内容在新形势下还必须扩展，但限于大学外语的课时和课本的容量，所以这一部分内容可以作为选修、泛读，或课外阅读的内容。

大学外语教学中目的语的文化学习是重点。学习目的语文化是掌握目的语所必需的，同时学习目的语文化能让大学生意识到自己的文化身份，这也是学生建立文化身份的途径。只有在学生深入了解目的语文化的基础上，学生才能更深刻地理解母语文化。同时，要能从不同的历史和文化中吸收养分，让学生成为跨文化人。理解另一种文化会给予人们一个站立的位置，在那儿人们能更好地观察他们出生的文化。

大学外语教学大纲旨在培养大学生的外语能力，使其达到并具备以下三个层次的要求与素养。

第一层次，通过系统的教学与训练，使学生能够自如地运用外语表达自我、阐述观点，并具备以外语为载体、有效传达母语文化精髓的能力，以展现其深厚的文化素养与跨文化交流能力。对外国人来说，中国人和中国的文化都是“文化上的他者”。那么，如何避免将中国的民族文化和民族自我淹没在其他文化方式的话语中，就必然依靠中国人对自我文化的阐释和表述。就如著名的导演张艺谋，用其他国家人们能够理解的方式表述自己的母语文化，赢得了国际声誉。

第二层次，着重培养学生对目的语文化的深层理解力，使他们能够深入洞悉目的语文化的核心要义，提升对文化的感悟能力。对学生来说，目的语文化也是“文化上的他者”，如何避免将目的语文化“他者化”，如何避免文化障碍，是大学生学习的主要目的之一。就如著名的中国香港电影导演吴宇森，他在好莱坞拍片时所表现出的对美国社会规则、话语体系、意识形态的理解，不亚于美国本土的导演，吴宇森的电影从形式和内容都受到美国文化的认可，因此他在好莱坞为自己赢得了很高的声誉。大学生应该像他那样，做到能够理解目的语文化的深层内核。

第三层次，也是终极目标，使学生成为跨文化的人。因为学生所具有的他者身份，可以有意识地与目的语文化价值观保持距离，可以从他者的视角来审视目的语文化，指出外国人习而不察地对他者的冷漠，不但可以令外国人反省自己的文化，也能为自己争取到话语权。同时，学生的他者身份，也为自己提供了一个认识自我的参照，从他者的角度看母语文化会让学生进入反思自我的旅程，使学生能重新认识习以为常的社会。跨文化可以使学生能够以他者的眼光观察母语文化和目的语文化的社会、历史、价值观等。他者的优势就是“旁观者清”“只有旁观者能综观全局”。通过这样对文化的观察，学生学会反思两种文化模式，重新审视两种文化中的社会价值观，能够更深刻和批判性地认识自我。同时，在这一过程中，学生能建立文化身份，弥合他者与自我。就如著名的电影导演李安，他在《卧虎藏龙》中用外国人的视角来表现中国的武侠和功夫。该部作品为他赢得奥斯卡最佳外语片奖在好莱坞真正获得了话语权。大学生就应该能够从边缘的视角审视两种文化，弥合起两种文化，从两种文化中吸收养分。

教会学生如何在这个多元社会中生活是大学义不容辞的责任。如今，通向成功的钥匙掌握在人所固有的语言之中。学习母语或母语文化并不仅仅是让大学生通过考试或者应付日常生活，而是要让大学生能够拿起汉语或古汉语的书籍与自己的祖先对话，汲取先哲的智慧。学习外语不能仅为通过考试等，而是要让外语成为一座桥梁。当学生拿起一本英文著作时，就可以与外国文明中的智者对话，进行思想的碰撞。通过他者的角度，看到母语文化的优势与弱势；从他者的角度，审视目的语文化。大学生能够成为跨文化人，在两种文化中搭起一座桥梁，使母语文化在面临他国文化的挑战时不至于成为一个曾经辉煌但逐渐逝去的堡垒，而是在继承中、在两种文化的交流发展中，重新焕发光彩。

二、精选大学外语教材

（一）选择基于通识教育的大学外语教材

以心智的训练、人文价值作为外语学习的存在和理性基础。大学的功能是训练学生的心智，拉丁语和数学是达成该目的的最好工具。如果学生能够掌握这样系统的、有序的、完整的知识体，就掌握了一个可以应用于其他不完整科目的思想体系。学习这样传统的、有序的科目，可以给学生一个完整的知识体系，用以在其他科目中追寻知识。外语教育是人文教育的一个重要组成部分，源于古典教育的外语教育并非单纯的语言学习，还包括语言所承载的知识与文化。通过语言及其承载的文化，外语教育成为人文教育的核心。

通识教育是在大学的人文传统面临专业教育、实用性教育的挑战时，被用以实践的高校人文传统。通识教育与人文教育密切关联。外国语言和文化一直是通识教育的重要组成部分。例如，美国高校的通识教育是其课程体系中最重要的组成部分，而外语教育又是通识教育的一个重要部分。哈佛大学的核心课程规定了11个领域。第一领域就是外国文化，而外语学习是外国文化领域规定的重要课程之一。耶鲁大学的通识教育要求学生学习人文艺术、科学、社会科学三个领域的课程。在人文艺术领域，外国语言和文化课程是完成该领域学习的重要部分。外语学习通过理解、借鉴、包容他国的历史与文化价值，从而与大学教育紧密相连。这些文化价值又是人文教育的核心价值，因此外语学习和人文学科联系在一起。语言学习不但具有交际的实际应用价值，更重要的是语言学习和文化鉴赏与促进和提高分析思考能力、价值甄选能力紧密相连。正是在人文主义思想下，外国语言与文化成为通识教育的一部分。目前，国内对于国外外语教育的研究以美国为主，兼有对欧洲国家语言政策与语言选择的研究。但是，美国和欧洲，尤其是美国有大量移民，其中很多移民的后代在学校选择其家庭传承语言。例如，第二次世界大战前，美国移民以西欧国家为主，所以有大量学生学习法语、德语；而随着世界各地移民的增多和对语言与身份、语言与人权的关注，其他国家的移民更关注自己的权利，墨西哥裔的学生以学习西班牙语为主，华裔学生以学习汉语为主等。另外，美国设有各种基金会。例如，波兰基金会对学习波兰语的资助等，这在一定程度上影响其语言政策和语言选择。将大学外语系整合进入通识教学部，因为大学外语本身就是通识教育的重要组成部分，而且能够弥补现有大学外语教材的不足，让学生接触到经典作品，同时开阔师生的眼界，促进大学外语教材的发展。

选择基于通识教育的大学外语教材需要综合考虑内容全面性、文化多样性、任务实践性、学习者需求以及教育目标的适应性等因素。只有在这些方面都能够得到充分考虑和满足的情况下，才能选择到合适的教材，为学生提供优质的外语教育。①全面性和多样性：优质的大学外语教材应该覆盖语言的各个方面，包括听、说、读、写等技能，并涉及不同主题和话题，以满足通识教育的综合性需求。同时，教材应该融入多样的文化元素，让学生能够了解和尊重不同文化背景下的语言使用和社会习俗。②任务的实践性：教材设计的任务应该具有实践性和实用性，能够帮助学生将所学语言运用到实际生活和工作中去。例如，可以设计情境化的对话、角色扮演、项目合作等任务，让学生在真实的语言环境中进行交流和实践。③学习者的需求：考虑到学生的不同需求和学习背景，教材的选择应该灵活多样。可以根据学生的水平和学科背景选择不同难度和类型的教材，或者结合学生的兴趣爱好选择相关的主题和内容，以提高学习的积极性和效果。④适应通识教育目标：大学外语教材应该能够支持通识教育的目标，培养学生的批判性思维、跨学科视野和经济全球化意识。因此，教材中可以融入一些跨学科的内容和讨论，引导学生思考语言与其他学科之间的关系，以及语言在经济全球化背景下的重要性。

（二）选择体现母语文化的大学外语教材

在大学外语教学中，应注意中华文化的表述，帮助学生建立平等的跨文化交际意识。在制定教学大纲的过程中，要严格遵循相关政策要求，将中华文化与他国文化置于同等重要的地位，并将其纳入外语教学计划之中。在教材编写方面，应系统地融入中华文化元素，通过深入浅出的方式，培养学生的民族自信心和跨文化意识。跨文化交际应当建立在双向理解与共享的基础之上。因此，增加中华文化内容成为解决这一问题的关键所在。为此，教材要精选经典且具有代表性的文章，通过多样化的教学方式，如课堂教学、口语听力练习等，全面提高学生的人文素养和语言能力。同时，要注重培养学生的跨文化交际能力，使其能够在不同文化背景下进行有效沟通和交流。

三、转变教学方式，培养批判性思维

（一）大学外语教学法

首先，目前在我国大学外语教学中最常见的方法还是语法翻译法。其逻辑基础在于认为世界上所有的语言都起源于一种语言，语言之间的区别仅仅在于单词的发音和拼写不同。因此，在教授外语的过程中，其核心在于两种语言之间的互译转换。这一转换过程具体表现为词汇与语法之间的相互转换与替换，从而确保语言间的准确传递与理解。语法翻译法在学完字母、拼写之后，就会教学生系统学习语法、记忆词汇、阅读。其中，语法教学始终占据重要地位，因为语法是翻译和阅读的基础。课文中须出现需要学习的语法项目，配合语法编写的例句和练习，课文讲解须围绕语法。但是，这种方法忽视了听和说，过于强调对语法的教学。

其次，使用比较多的是听说法，其逻辑基础是美国结构主义语言学。该理论认为语言是通过口头表达进行交流的方式，而非单纯书写而成的文字。语言本质上是一套经过长期发展形成的习惯，它需要大量的实践应用和操练才能得以熟练掌握，所以听说法以听说为主，反复操练，以形成习惯。听说法十分重视外语思维，完全拒绝母语。但是，听说法忽视了语言的内容和意义。

最后，在国内影响较大的教学法是交际法。交际法强调培养学生的交际能力，将语法项目按照功能和意念进行整理，语法服从语言功能。以学生为主，让学生接触地道的语言而不是紧紧围绕语法知识。但是，语言的功能项目很难厘清，语法、功能、意念很难融为一体。再者，我国教师自己的交际能力尚存在问题，所以影响了这种方法的功效。

目前，我国大学外语教学不太重视欧洲大陆的“直接法”，即强调学习外语时应参考习得母语的经验。也就是用所谓的自然法，即模仿幼儿习得母语的过程和方式进行教学。也不太重视“认知法”，即以学生为中心，培养学生的自学能力，让学生在实际交流中观察语法，不排斥母语。同时，忽视了“沉默法”“咨询法”“暗示法”等教学方法。

人类自有外语教学开始，就一直在不断追寻最好的教学方法，但没有一种方法是放之四海而皆准的。学习者本身的因素，如年龄、性别、动机、态度、智力、认知方式、家庭影响、天赋、兴趣、性格、学习方法等，都会影响学习者的学习成效。我国在大学外语教学中更多地关注教师如何教，却忽视了学生在母语和第二语言习得中的差异。大学生已经是成年人，学习的环境和方式也与学母语时完全不同，学习的目的和过程也不同。大学外语教学要顺应学生的成长和心理过程的变化，重视学生的个体因素。

大学外语教学在面对各种教学法流派，以及针对不同研究对象和视角的研究理论时，需要保持清醒的头脑，博采众长。因为，不存在一种万能的或最好的教学方法。在教学中要根据实际情况，灵活适当地加以实践。正如托克维尔（Tocqueville）所说："我们把视线转向美国，并不是为了亦步亦趋地效仿它所建立的制度，而是为了更好地学习适用于我们的东西；更不是为了照搬它的教育之类的制度，我们要引以为鉴的是其法则，而非其法治的细节。"① 我们可以借鉴和学习欧美的理论与流派，但由于文化背景和社会历史的差异原因，它们对我国大学外语教学的指导作用和影响力还需要本土化的实践和研究，不能将其直接运用于我国的大学外语教学中。

（二）使用新的教学方式

目前，我国的大学外语教学主要在课堂进行，以教师讲授、学生上课听讲为主。但随着现代科技的发展和教学理论的推进，出现了新的教学方式。

1．计算机辅助教学

计算机辅助教学指的是按照预先设定的语言教学计划和内容，利用计算机技术有效地辅助课堂教学与课外练习的实施。随着数字技术的发展和计算机应用的普遍化，以及外语教学中更强调交际能力和文化基础，计算机被广泛用于语言教学中，成为合适的培训工具。网络互动平台给学生提供方便、快捷的学习方式。学生可以在任何适宜的时间、地点进行学习，自己掌握课程进度。学生面对计算机没有心理压力或"丢面子"的问题。计算机辅助教学有助于学生形成个性化学习，也有助于大学外语教师保存学生的学习记录和教学资料。

2．个性化学习

个性化学习源于人本主义的教育观，可以满足学生对课程自我掌控的要求，学生选择个性化的学习方案，使用规定的或自学的材料，自己设定学习进度。个

① 托克维尔．论美国的民主[M]．董果良，译．北京：商务印书馆，1988．

性化学习尊重学生的个性，教师根据学生的兴趣、特长、需求进行调整，学生会自主性地进行学习。教师从教授者和权威者转变成学生的合作者，甚至是学习者，学生不再是被动的听讲人，而是主动的合作者，从而促进学生形成终身学习。

3. 以目标为指导

在以目标为指导的外语教学中，教师和学生建立起平等的伙伴关系，共同努力以达到一定外语能力和程度的要求。目标具有激励作用，可以将人的需要转换为动机，并将学习结果与目标进行对照，及时调整，直至达成目标。

4. 自主学习

较为新兴的语言学习方式是与传统的被动接受性学习相对应的学习方式。利用已经开发好的语言学习材料，由学生自己进行自主学习，给学生配备语言导师进行语言的实际操练，在学习完成后进行测试和评估。以学生作为学习的主体，通过学生独立地观察、分析、实践来达到学习目标，培养学生自己收集和处理信息的能力、分析和解决问题的能力，以及交际和合作能力。自主学习能有效利用教师资源，降低高校开设语言课程的成本。

5. 海外学习

有条件和获得经济资助的学生可以到目的语国家进行语言和文化的学习或考察。

（三）培养批判性思维

批判性思维是一种极其重要的认知技能，它涉及对观点、信息和论断的比较、分析、评估、批判和综合。这种思维方式不仅仅局限于接受既定的事实或观点，而是鼓励人们以开放、审慎的态度去探索问题，甚至勇于挑战流行的看法。通过批判性思维，人们能够更全面地认识世界，做出更明智的决策。批判性思维的核心在于主动评估观念的愿望。这种愿望驱使着批判性思维者去深入挖掘问题的本质，不断寻找新的视角和解读。在这个过程中，批判性思维者会跳出自我，反思自己的思维方式，从而避免陷入偏见和盲从的陷阱。具备批判性思维的人能够深入分析支持他们观点的证据质量。他们会仔细审视各种来源的信息，评估其可靠性、有效性和相关性。同时，他们还会关注证据之间的逻辑联系，确保结论的合理性。此外，批判性思维者还会考察自己推理的缺陷，不断修正和完善自己的思考过程。在现实生活中，批判性思维的应用广泛而深远。无论是学术研究、商业决策还是日常生活，我们都需要运用批判性思维来应对各种复杂的问题和挑战。例如，在学术研究领域，批判性思维有助于我们识别真伪、筛选有价值的文献，从而推动学科的发展。

经过详尽的调研工作，美国教育委员会发布了一份报告，报告中明确指出，大学本科教育的核心任务与目标在于培养学生的批判性思维能力。不断加强培养学生更高层次的能力，特别是批判性思维的能力，可以帮助学生更好地适应社会。这对个人的成功和国家的发展都有重要作用。

语言学习对批判性思维能力、理解情境、进行合作和反思行动的能力都有着重要作用。不能仅仅强调外语学习的工具性目标，更需要通过外语培养学生的批判性思维能力。学习一门外语，用外语进行思维是最适当不过的精神操练。由此，人们将能获得一种不局限于某一具体语言的“更一般、更正确的语感”。外语教学能够使思维更加敏锐，可以培养严密和具有逻辑的思维能力。外语教学所具有的内在价值，就是在促进学生语言发展的同时，提高学生的批判性思维能力。

大学外语教学的听、说、读、写技能训练，就是培养学生批判性思维的过程。听和读就是对吸取的信息不仅了解其事实、信息和观点，还要辨别和了解信息的论证，对其论证做出自己的判断和认识，即做出整体判断。哪些可以接受、哪些不能接受，哪些需要修改，哪些可以辩驳，从而形成自己的观点和理论。

说和写实际上就是使别人相信并接受自己的观点，需要把思想过程和结论清晰、完整、有效地传达给受众。说出和写出好的论证就是批判性思维的体现，不论是反驳已有的论证，或是阐明自己的论证，都能体现出学生的分析、论证和表达的能力。

在实际大学外语教学中，写作要求在学生完成议论文时，根据给出的题目提供相应的信息资料，就某一方面的问题提出解决办法，阐述论证该观点，或者挑战和评价、反驳所给的观点。同时，要求提供充分有力的证据，包括推论、事实、数据、可靠权威人士的观点，论点明确，论据充足，语言流畅；文章不论长短都必须分析和论证，给出理由支持，所有的事实和论证都应符合逻辑，与各部分紧密结合；要把问题的正反两方面都考虑进去，采取对论证的公正和诚恳的态度，连贯一致，条理清晰，结构合理。

四、整合大学外语的师资

语言学习是人文教育最为显著和决定性的特征。随着经济全球化的深入，我们越来越多地与世界各地的人士接触。作为不同程度交际的复合体，对文化维度知识的学习十分必要。用外语沟通的能力成为现代人必备的素质之一。在这样一个多元化的时代，跨文化交际能力是跨文化人必备的素质，这必然对外语教育提出更高的要求。外语教师作为教学活动的实施者、组织者和管理者，必然面临更大的挑战和压力。为适应外语教育的发展，外语教师必须接受更严格和更广博的培训。

（一）大学外语教师的培训

国外教师培训主要指的是业务方面。国内的教师培训包括政治思想和业务两方面。政治思想包括爱国主义、集体主义、敬业精神、忠诚于教育事业、认真负责的工作态度等方面；业务方面则常常将大学外语教师培训简化为外语培训，即提升教师的语言技能，例如，对教师的阅读、听说、写作、翻译等能力进行培训。很多学生、家长甚至教师自己都认为，一个人只要学会了外语就能够教外语，一个人只要外语水平高就能教好外语。这种看法并不正确。教师培训应该包括“教什么”和“如何教”两方面。

“教什么”并不简单地指“教外语”，教语法、词汇、课文等。因为语言本身包括语音、词汇、语义、语法、篇章、语用，语言技能包括听、说、读、写、译。但语言不仅是符号系统，是人与人相互接触时所使用的交际工具，是人与人之间传达信息或表达思想的媒介，也是使用这种语言的民族历史文化的载体。许多学生、家长和教师认为外语学习的目的主要是能够与目的语国家的人员进行商务、教育等方面的交流。这显然是受到语言工具论的影响，只看到了语言在具体的人际交往中的功能，而忽视了语言所负载的文化。语言是文化的载体，涉及文化的方方面面，蕴含着哲理和智慧，在教授语言的同时也在传授文化。

大学外语教学实践中所强调的词汇、语法、篇章都与文化密切相关。单词的意义通常是文化所决定或限制的。不同文化的特征经过历史的积淀都在词语中留下了痕迹。外语是具有严格语法规则的语言，而汉语的语法则相对灵活。两种语言的差异与文化传统和思维方式有关。语言的推理方式可以从语言的行文中看出来。对不同文化背景的外语学习者所写的文章进行分析，发现学习者在逻辑层面和篇章结构上受到不同文化因素的影响。外语文章呈直线型，常用演绎式的写作模式。汉语篇章呈螺旋形，句子之间没有太多的连词，是靠思维的连贯与语义的上下呼应来表达完整的意思。

可见，只强调语言的工具性，单纯进行语言技能的训练是无法真正学好和教好一门语言的。因此，学生和教师为达到学好外语的目的，必须在语言教学中涉及文化教学。没有文化教学的语言教学是枯燥的和无意义的。一个人不可能学习使用一门语言，而不学习有关说这种语言的人的文化。针对大学外语教师在师资培训中必须突出语言的文化内涵这一点，外语教师在学习语言的同时，必须学习文化知识，在教授语言的过程中，必须涉及文化。在大学外语教师培训中应包含世界政治、经济、文化内容。

目前，在大学外语教师培训中，“如何教”主要指教学法。外语教学涉及语言学、心理学、社会学、人类学、教育学等相关学科，教学法只是“如何教”的一个方面。“如何教”还包括第二语言习得、语言学习的过程、学习者个体差异等方面。

当前教学法的理论研究与实践都源于外国，缺乏本土化的经验。在“如何教”的培训方面，教学法只是一个方面，还需兼顾其他很多因素。在后方法教学时代，教师的任务不是去寻找或应用最好的教学法，而是去实践既能够满足学生需求，又能适应学生个体差异的教学策略。

（二）大学外语师资的整合

外语的重要性，以及学生、社会对大学外语教学的更高要求，促使大学外语教师接受更高难度和更深层次的培训，同时，教师还需要具备广博的知识和深厚的文化素养。但是，大学外语教师在繁重的教学工作之外，很难抽出大量的时间进行长期系统的培训。对主要毕业于外语专业的大学外语教师进行跨学科的培训不是短期培训可以见效的。那么如何保证大学外语的教学质量呢？这就要进行大学外语师资的整合。

美国的大学基于其自身的文化传统和社会现实，选择在外语院系之外成立语言中心。例如，哈佛大学、耶鲁大学都设立了专门的语言学习中心. 为学生的外语学习和教师的发展提供支持，确保大学生在校期间的外语学习质量，帮助学生达到通识教育的外语技能要求。

大学外语教师是大学外语教学能否走出困境的关键之一。进行大学外语教师培训，以及大学外语教师和其他相关学科教师的整合，是比较好池解决问题的方式。

五、完善大学外语的测试评价

语言测试主要用于语言教学（即用来衡量学生的学习效果，检查教师的教学质量，教与学两方面都需要语言测试这一手段进行评估）；语言研究和教学研究（例如，语言测试理论已经是比较成熟的学科）；选拔人才（如出国、留学升学、晋级、职称等）三个方面。其中，应用于语言教学是最为普遍的。虽然测试不能代替教学，但测试能帮助教师或者教学管理者了解教与学的实际情况。测试不仅可以给学生一定的学习动力，也能激发教师的潜力。语言测试可以分为：①成绩测试。以教学大纲为参照和基础，即教什么考什么，主要作用是用以检查教学效果，了解学生学习中的问题和难点，激发学生的学习动力。例如，毕业考试、期中考试等。②水平测试。不以任何特定教材作为评测的蓝本，全面评估应试者的能力与素养，此类水平测试也不以教学大纲为参照或基础。其目的在于从宏观上把握应试者的整体水平和程度，以更准确地反映其实际能力。水平测试主要用于选拔性考试。③语言天赋测试（主要针对语言专业的学生）。按照阅卷方式，语言测试也可以分为主观测试（试题的答案较为灵活，是评阅人根据自己的水平和观点进行阅卷、判断、评分，如翻译、作文、口语考试，但是阅卷和评分的工作量极大，不同的评阅人其评分标准也很难统一，很难应用于大型考试）和客观测试（答案比较固定，评分不受阅卷人的喜好、兴趣、观点等个人因素影响，能最大限度地排除主观因素，适用于大规模标准化测试）。

语言测试还可以区分为常模参考性测试和标准参考性测试，区分的标准是如何解释考试成绩。前者将考生的成绩放在一起比较，分出上中下等排出名次，把应试者的水平区分出来，后者只是看应试者是否达到标准，而不考虑在所有应试者中的位置如何；前者一般不规定教材，是比较全面的考试，后者是规定了考试的内容或能力，看应试者是否达到标准；前者应用于分级考试、水平测试，后者应用于成绩测试、诊断性测试等。

语言测试具有一定的科学性和可靠性，但是仍然存在局限性。例如，语言水平本身就是一个比较抽象的概念，如何定义水平，如何测量语言水平，都是需要思考的难题。即使对学生进行全面测量，从听、说、读、写、译各个角度全部测评，还是会出现偏差。语言是文化的载体，语言测试可能涉及一些学生非常熟悉的领域，也可能涉及非常生僻的领域，这些都有可能影响学生的测试成绩。语言测试最常见的是考核听与读两方面。因为听力与阅读这两项是最容易评分和使用机器阅卷的，写作和翻译就很难评分，而且也无法用机器阅卷。至于口语测试，则需要大量的口语考官和时间。目前中国的大学外语等级考试中，只有超过规定分数线之上的学生，才有资格参加口语测试。语言测试的并不是在交际场合的实际交际行为，也不是为了交际目的而使用的语言，只是为了考试而读、听、写。即使是口语测试，师生之间也不是真正地交际。考官像念书一样根据考题提问，学生不自然地回答问题，对有准备的题目有时就像背书一样。

全国性的大型、标准化测试对教学工作有利有弊。它既可以让全国高校有一定的、比较明确的目标和指导，有统一的衡量标准，也可以促进各个高校认真对待教学管理工作。但这种大型考试的设计与实施存在很多问题。例如，考试内容很难兼顾全国各地、各高校的不同情况，考试设计起来客观题多，主观题少，因为大规模测试主要依靠机器阅卷。主观题少，难以反映学生真正存在的问题和水平。

客观题测试把语言分成许多碎片，通过对这些碎片化的语言知识的测试，测到的只是对某一项语言知识的了解。但是，对语言知识的了解与语言的实际运用不一样。语言的实际运用并不是将这些知识的碎片加在一起就行的。澳大利亚语言中心的外教就指出，中国留学生即使等级考试的分数很高，但在澳大利亚大学课堂还是存在听不好、说不出、写不好等问题，很多留学的中国学生都是参加过相关语言机构培训通过考试的，但该类机构的语言技能和应试技巧培训并不能满足部分地区留学的要求。因此，针对中国大陆地区留学生专门开设学术语言等培训项目。例如，教学生填写申请表、写申请信、研究计划等，以适应在澳大利亚的留学生活。由此看出，测试只是在一定程度上反映了学生的实际水平。

考试是检测外语教育质量的重要方式。随着学生外语水平的提高，社会和学生本身都会对外语教育提出更高要求，社会上大多数单位还将等级成绩作为判定学生外语水平的标准，但是已经有外资企业和一些对外语要求更高的单位质疑考试是否真实地反映了学生的语言水平。等级考试的客观性和对教学的一些积极促进作用应该受到肯定。但是，等级考试也要随之做出相应改进，因为学生的实际外语水平无法满足工作需要。两名先后进入德国西门子公司和法国阿尔卡特公司工作的电子、电信专业的大学生表示，两家公司的人力资源部对他们所进行的外语测试，都是由其外籍员工直接对求职学生进行长达近两小时的外语交谈，并由此断定学生的外语水平是否达到公司的要求，是否进入下一轮的专业测试。

中国目前期中、期末考试仍是成绩测试，主要考查学生完成课程的情况。大学外语等级考试仍是水平测试。目前中国的大学外语教学中，师生还是要面对各种测试，师生还是以通过考试为主的。因此，大纲、教材、教师、教学的相关改革，如果要顺利进行，必须进行测试的改革。通过测试的改进，推动大学外语教学的改革和教学质量的提升。

国外的语言教学测评并不单单是由一次期末考试决定学生的分数，而是由测验、家庭作业、口头展示、自我评估、访谈、问卷几个方面构成的。

例如，哈佛大学的一项语言课程的测评就包括日记报告、讨论和课堂参与、展示及现场评估、期末考试几部分。

其中教师的权限比较大。例如，严格按照学生的课堂参与进行打分，学生即使在课堂但是不积极参与讨论、不积极回答问题，也拿不到分数。相比之下可以发现，国外教师的权限较大，而且对学生出勤的考查更为细致、具体，也更严格。学生通识外语课程的学期总成绩中的比例分配，如表 3–1 所示。

表 3-1　学生通识外语课程的学期总成绩中的比例分配

通识外语课程	作业成绩 /%	平时成绩 /%	期中考试 /%	期末考试 /%
外语写作 / 生活外语 / 文学阅读 / 职场外语入门 / 基础外语 / 专题外语 / 会话	20	20	30	30
语法直通车 / 看影片学英文	20	40	0	40
畅销书阅读	0	50	25	25
媒体和新闻外语	15	15	30	40
上网学英文	25	25	0	50
新闻外语 / 美式外语发音一点通 / 口语英文沟通	25	25	25	25
密集外语 / 先修外语	30	30	20	20
实用科技英文	30	0	30	40
环球外语	45	15	20	20
外语检定	自订项目（测验、写作、任务）40	0	30	30

从表 3–1 中可以看出，学生的作业成绩和平时成绩至少占学期总成绩的 30% 以上，而且这些比例还可以根据教学实际情况加以调整，可见教师有较大权限。能充分发挥教师的潜能和长处，有助于形成教师的权威感，同时提升学生的出勤率、课堂参与程度，使他们更认真地对待课程作业和小测验。除去期中、期末考试外，平时成绩和作业成绩都强调学生的积极参与以及教师的主观测评。与国外的外语测试类似，家庭作业、口头展示、自我评估、访谈、问卷等都有助于师生之间的沟通，强调学生的积极参与和配合。教师的观察与判断以学生的表现和进步为标准。在这些项目中，教师可以进行主观测试，如突出语言的文化功能，可以综合考查学生的语言能力、交际能力和跨文化交际能力。目前，中国的大学外语教学最主要的测量工具是各学期的期末考试，以及大学外语等级考试，以通过率、考分等衡量学生水平。期末考试对学生的要求、不及格率都有严格地控制，

学生只需按照重点内容复习就能过关。大学外语等级考试是比较严格和正式的测试，但是面对来自社会的质疑，以及用人单位对大学生不同层次的要求，等级考试本身也面临着改革。当大学生面临出国、求职、深造等多种选择时，会参加不同类型的国外外语水平测试。为避免学生在参加等级考试之外又重复参加其他考试，造成人力和财力上的浪费，应该使考试多元化，让学生有更多的选择，避免一种考试的局限性。

在跨文化视角下完善大学外语的测试评价涉及考虑语言能力和文化意识的综合评估。以下是一些在这一视角下完善大学外语测试评价的建议：①考虑跨文化交际能力：测试评价不应该仅仅关注学生的语法、词汇等语言知识，还应该考查他们在跨文化交际中的能力。例如，可以通过情境化的口语对话或书面交流任务来评估学生的跨文化交际能力，包括对不同文化背景的理解、尊重和适应能力。②融入文化背景：考题和评价标准应该融入目标语言所属文化的背景和特点。这样可以更好地反映学生对目标语言文化的理解和尊重程度。例如，可以设计与目标文化相关的听力材料或阅读文章，并在评价中考查学生对文化内涵的理解。③多样化评估方法：考虑采用多样化的评估方法。这样可以全面评价学生的语言能力，同时也有助于培养他们在不同语言环境下的应变能力。④注重实际应用：测试评价应该注重学生的实际语言运用能力，而不仅仅是对语法知识和词汇量的考查。可以设计一些情境化的任务或项目，要求学生运用所学语言进行真实的跨文化交际，从而更好地评估他们的语言能力和文化意识。通过以上方法，可以更好地在跨文化视角下完善大学外语的测试评价，促进学生的综合语言能力和跨文化交际能力的提升。同时，这也有助于培养学生具备全球视野和跨文化意识，为他们未来的学习和职业发展打下良好的基础。

第四章　应用语言学视角下的大学外语教学探索

本章为应用语言学视角下的大学外语教学探索，依次介绍了应用语言学综述、应用语言学视角下的大学外语教学、基于应用语言学理论的大学外语教学评价三个方面的内容。

第一节　应用语言学综述

一、应用语言学的定义

关于对应用语言学的准确定义一直以来都有争议。应用语言学因外语教学的发展而受到大家的关注，因此不少学者将应用语言学与外语教学画上等号。应用语言学被一些人视为一般的应用科学，不同于理论研究，其核心在于将理论成果实践化。彼德·科德（Pit Corder）是英国应用语言学的先驱之一，在爱丁堡大学领导着长期致力于外语教学理论丰富和创新的研究团队，对该领域做出了重要贡献，提出“应用语言学是一种活动，不是理论研究，是把理论研究的成果付诸实践”。①1973年，美国应用语言学家协会召开小组会议，讨论该领域的研究范围。1975年和1984年，国际应用语言学大会举行圆桌会议，探讨应用语言学的定义和与理论语言学的关系。这表明对应用语言学的性质、特点和研究范围等仍存在争议，需要进一步界定。

在《应用语言学百科词典：语言教学手册》里，“应用语言学”这个词有三层含义：首先，应用语言学应涉及某种理论的实际应用；其次，具体地讲，应用语言学应当涉及语言学理论的实际应用；最后，应用语言学应当涉及语言学理论在任何一个与语言相关领域的应用。其将“应用语言学”界定为一种旨在将语言

---

① 林萍．彼特·科德的学术研究及其教学思想[J]．国外外语教学，2001（3）：46—49．

及语言学理论与实际相结合，深入探究语言现象及问题，并特别关注第二语言与外语学习及教学工作的研究领域。

英国牛津语言教学专家布伦特（Brumfit）的定义被很多学者引用，他认为应用语言学是为了解决现实世界里以语言为中心的社会问题所进行的理论和实证的研究。

英国学者库克（Cook）将“应用语言学”定义为研究语言知识同现实世界决策制定之间关系的学科。应用语言学的学科范围有些模糊，但其核心研究领域包括语言和教育、法律、语言信息及其效应。国际著名语言学家阿兰·戴维斯（Alan Davies）和凯瑟琳·埃尔德（Catherine Elder）认为应用语言学通过理论探讨和实证研究的途径，对与语言相关的实际问题进行理论化的活动。应用语言学是一门独立而稳定的学科，是将语言发展和语言使用中的实际经验和理论构建结合起来的学科。

有学者认为应用语言学实际由数量可观的半独立学科组成。这些学科围绕语言及语言的应用展开研究，而每个学科都有自己的研究方法和理论原则。有学者认为，应用语言学不是一门学科。应用语言学的研究范围不断扩大的事实说明其不是门学科，而应被看成一些不断进化的主题。有学者认为，应当从思想的角度来讨论应用语言学（AL），可称为“AL 思想”，这是认识论的问题，也是哲学的问题。他从缘起、发展、变化和重新定位四个阶段回顾总结了“AL 思想”的产生和发展。国际应用语言学协会在其官方网站上有这样的定义：应用语言学作为一门具备高度跨学科特性的学术领域，致力于对现有语言学理论方法与成果进行深度应用与拓展，进而构建并发展语言学的新型理论框架与方法论体系。这一过程的核心目的在于精准识别、深入分析和有效解决语言和交际领域所面临的各类实际问题。

在当今社会，应用语言学的研究与应用日益受到广泛关注。关于应用语言学，人们普遍认为其存在狭义和广义之分：狭义的应用语言学则主要聚焦于语言教学领域，特别是第二语言教学，狭义应用语言学的研究涉及语言教学的各个方面，如教材编写、课程设计、教学方法等；广义的应用语言学是一个涉及面极广的领域，它紧密联系实际问题，深入研究语言和语言学的各个方面，如为少数民族创造文字。

应用语言学的广义和狭义理解与其发展的过程有关。应用语言学在发展的初始阶段，总是会与语言教学（尤其是外语教学）联系在一起。一些著作给应用语言学下的定义是比较宽泛的，说利用语言学研究的成果可以解决一些以语言为中心的实际问题的学科，其内容全部是有关第二语言——外语教学的。这个现象与当时国际交往日益密切，全世界对外语学习的需求有很大的关系。之后随着语言学相关领域的不断发展和成熟，加上科学技术的日新月异，应用语言学也逐渐涵盖了与语言相关的极其广泛的领域。

第16届世界应用语言学大会主题为“多样中的和谐：语言、文化、社会”。大会围绕应用语言学与方法论、语言教学、语言习得与加工、社会中的语言现象、不同职业中的语言运用五个核心分议题进行深入探讨。从这些议题可以看出，应用语言学的发展越来越注重吸收语言学及其各分支学科的理论和研究成果来解决语言相关的问题，它的包容性和综合性越来越得到专家学者们的认可。

国内汉语界的学者一般从广义上理解应用语言学，并赋予其极为广泛的内涵。学者于根元就是这种理解的代表人物之一，他认为应用语言学作为一门博大精深的学科，涵盖了语言应用的众多方面，语言学的研究领域是开放的，不断发展和创新的，主要包括四大部分。首先，广义的社会语言学是语言学的一个重要分支。它主要关注语言与社会之间的紧密关系以及语言在社会中的实际应用。其次，语言教学也是语言学的重要组成部分。它主要研究第二语言教学或外语教学的理论、方法和实践。再次，语言本体和本体语言学同现代科技的关系也是语言学研究的一个重要方向。随着现代科技的不断发展，语言信息处理和计算语言学等交叉学科也应运而生。这些学科利用计算机技术和人工智能算法对语言进行自动化处理和分析，为语言学研究提供了新的手段和方法。最后，语言规划是语言学研究的一个重要内容。其主要研究聚焦于语言地位问题的深入探讨以及语言文字的标准化与规范化工作。

二、应用语言学的基本理论

（一）交际理论

1. 交际能力是最基本的语言能力

乔姆斯基（Chomsky）提出人类天生具备语言的创造能力，但关于词汇语法的天赋性，他并未予以明确阐述。近年来，学界对语言交际能力与语言知识能力之间的差异日益关注。交际能力无疑是语言运用中最为基础的一环，然而，在追求语言能力的卓越表现时，人们应兼顾知识能力的培养。这充分反映了在语言教育中，教师不仅要注重知识能力的提升，还要强调交际能力的培养与发展。只有如此，才能真正实现语言能力的全面提升与综合发展。

2. 在多样的语言交际中实践语言交际能力

过去的语言教育中也提倡语言实践，但是这种实践常常是在“温室”里进行的。1997 年 12 月全国语言文字工作会议提出语言文字不用“纯而又纯”。这是语言应用观念的一个重大改变。人是分层次的，语言是为各个层次的人服务的，在学习过程中的“过渡语”如果不到位、不规范，等于说是“不纯”，而且不规范的语言现象也是会新生的。语言教学有的要用模拟的方法，但是要注意让学生知道在生活实际中的情况。

3. 以交际值作为衡量语言规范的标准

语言的本质功能在于实现交际，而规范的设定旨在提升交际的效率和准确性。评估规范是否适宜的准则，应主要基于其在交际实践中的实际效用，即交际效果或交际效能。规范并非单纯遵循既有的规则或书本上的规定，而是在语言使用存在不足之处的背景下，对语言进行必要的调整与优化。规范并不是为了追求语言的绝对纯净状态，也不应构成妨碍有效沟通的障碍。语言规范与语言稳定之间并不直接存在着必然的联系。确立规范性时，应当依据当前社会的实际需求以及语言系统自身所允许的范围，进行科学合理的判断与决策。在论证语言规范问题时，应充分阐述理由，避免简单地通过类推得出结论。近年来，对语言现象进行深入的延伸研究具有重大意义，而针对“那么什么什么也都可以说了”等观点的反证，同样要进一步加以论证，确保语言规范的制定与实施既符合语言发展的客观规律，又能够有效服务于社会的交际需求。

（二）动态理论

1. 动态理论的基本思想

科学理论深入阐释了运动的绝对性。物种分为两类：非生物、生物。生物包含非动物和动物两类。在生物领域，动物具备自主运动的能力，而在非动物、非生物界，也存在众多展现快速运动特性的实例。作为生物界中最为高级的存在，人类独具运用语言的能力，而语言的动态性特征尤为显著且易于理解。语言本质上是一种社会交际工具，因此它始终处于活跃状态，并随着时间的推移不断发生演变。交际形式的多样化与变迁，正是推动语言持续发展的重要动力。此外，物体的运动速度各异，当物体的运动速度相对较快时，人们称之为动态；而当物体的运动速度相对较慢时，则称之为稳态。因此，稳态实际上是动态的一种特殊表现形式。

语言的运动是一种新陈代谢。从古代语言到现代语言，新词不断地产生，过时的词语不断地隐退，新的用法不断地出现……可以说，语言的运动从来就没有停止过，也没有人和力量能够阻止语言的运动，在这个意义上，可以说动态是语言的本质。

语言的动态性人们早就看到了。汉朝学者王充曾言“古今言殊，四方谈异”①，此言意在强调语言在不同历史时期所呈现出的差异性，揭示了随着时间的推移，语言呈现出的动态性。扬雄所著《方言》一书，更是通过翔实的记录与分析，有力证实了地域与时代因素对于语言发展变化的深远影响。在注解《方言》时，郭璞明确指出，汉语在其发展过程中不断吸收各地方言的成分，从而丰富了自身的表达形式。陈第则进一步提出了“时有古今，地有南北，字有更革，音有转移”②的深刻见解，精准阐明了语言变化的根源与动因。近年来，中国应用语言学界逐步把语言动态性的认识提升到理论的高度来认识，并把它运用到语言应用研究中，提出一系列相关的看法。

2. 动态理论的基本内容

动态理论强调以动态的视角来理解语言、语言研究与语言运用，其核心内容如下。

（1）对语言动态性的认识

语言动态性意味着语言在人际交流中以动态方式存在。长久以来，人们往往习惯于将静态视作语言的固有本质，而将动态视作静态的一种应用与展现。然而，实际上动态才是语言的核心属性，而静态则仅为语言在特定情境下所展现的相对平稳状态。语言运动具有明确的规律性，具体表现为词汇的吸收、隐退等多个层面。其中，吸收主要指的是新词的引入，这既可以是新创词汇的加入，也可以是旧词被赋予新义的转变，或是方言及外语词汇的吸纳与融合。隐退则是指词汇在发展过程中所经历的新陈代谢过程，这一过程受到社会进步、人们用词习惯的变化以及词汇系统内部同义词竞争等多重因素的影响。在语言吸收的过程中，词汇的改造也是一个重要的环节，即所谓的中和过程。例如，“胡同”“戈壁”等词汇的引入和改造，便充分体现了这一过程。这些词汇在融入新语境的过程中，不仅保留了原有的文化特色，还融入了新的语义内涵，从而实现了语言的丰富与发展。

（2）对语言认识的动态性

应用语言学致力于解决应用中的各类问题，其中实践与理论之间呈现出相互

① 王充．论衡[M]．长沙：岳麓书社，2015．
② 陈第．毛诗古音考[M]．北京：中华书局，1988．

影响、动态变化的态势。在理论层面，对语言的深入认识往往伴随着一定的困难，然而随着时间的推移和人们对语言认识的不断深化，语言本身也始终处于动态变化之中。这种动态性体现了语言的动态性。人们需以严谨的态度对待应用语言学的研究，既要注重理论的深入探索，也要关注实践的积极反馈，以期在理论与实践的互动中推动应用语言学的持续发展。因为事物的变化、发展不会是笔直的，而是曲折、螺旋式的。语言工作的开展即“进”是主流;“退”是暂时的，是支流。认识这些规律，有助于促进语言工作。语言文字工作的进和退，往往受到整个社会大的政治环境、语言政策、语言决策乃至语言观念等多种因素的影响。近百年来，中国的语言文字工作有三次大的“进”，两次大的“退”。从“五四时期”到20世纪30年代是第一次大“进”，推动了白话文、国语、大众语等运动。20世纪50年代至20世纪60年代初是第二次大“进”，完成了普通话推广、白话文运动、文字改革。20世纪70年代末以来，出现第三次大“进”，通过加强文字改革和立法工作、普及普通话，推进汉语规范化、标准化。中国语言文字工作的第一次“大退”发生在20世纪30年代末到20世纪40年代末，除了部分学校和部分地区（如延安等地）还在教学“国语”，其他地区的语言文字工作几乎停顿。第二次大的“退”发生在1966年5月至1976年10月。今后的语言文字工作或许还会出现一些“退”的现象，这几年出现的语言热或许还会降温，但可以肯定的是，语言文字工作一定是在曲折中继续前进。

认识语言文字工作前进后退的规律具有重要的理论意义。它提醒人们注意，语言是社会的，动态的；语言文字工作也是社会的，动态的。语言文字工作不能脱离社会时代背景进行，必须遵循语言文字的发展规律。不按科学规律办事，不做深入调查研究，就会影响语言文字工作的正常开展，甚至会使工作发生倒退。推动语言文字工作的动力、基础是应用，无论是从社会方面还是自然方面去研究语言，落脚点都是应用。如果社会不需要，语言文字工作就不能发展；如果社会需要，语言文字工作不能及时满足这个需要，甚至添了麻烦，引起社会不满，也会影响语言文字工作的开展。

（3）语言研究要动稳结合

语言的动态性特征并不排斥对稳态的深入研究。实际上，因为语言本身就是一个既不断变化又保持相对稳定的复杂系统，所以纯粹的动态或稳态研究在语言学领域中并不存在。语言的自我调节机制使其能够不断适应人类社会的发展需求，这既体现在新要素的不断涌现上，也体现在保持内部相对平衡的过程中。因此，在进行语言研究时，我们必须充分考虑到这一客观事实，既要重视其稳态特征，也要关注语言的动态变化，以全面揭示语言的本质和发展规律。稳态和动态研究都为交际服务。静态观对于揭示规律、理解现象有重要意义，如结构主义与生成语言学。同时，以动态视角研究静态语言单位也具价值，类似实验室研究。必要时要在动态情境下研究本是动态的静态事物，以形成相对静态。

从瑞士语言学家索绪尔（Saussure）以后严格区分了共时研究和历时研究，但把二者割裂开来是不对的。历时研究可能局限于语言要素的研究，但不是必然导致不能进行语言系统的研究因素。语言系统存在于语言的历时和共时之中，可以突破历时和共时的严格限制。动、稳结合研究中要重视所谓语言的“例外”。语言的所谓“例外”，往往是通往语言的上层或者下层进一步考察的通道。语言不是封闭的、“圆的”，不要强调语言研究论证的自圆其说。

（三）中介理论

自然界和人类社会中都存在着大量的中间状态，这是人所共知的，人类的语言也是如此。语言单位之间，语体之间，人们学习语言的过程中，以及语言接触融合的过程中，都有所谓的中间状态。现代应用语言学理论把语言中的这些中间状态称为中介现象。

语言的中介现象是一种非常复杂有趣的现象。它涉及语言使用和语言研究的许多方面。正确认识语言的中介现象，并在此基础上对有关语言问题进行研究的理论可以称为中介理论。

中介理论认为，语言和其他现象一样存在着中间状态，语言研究对此不应该回避，更不应该忽视。自从结构主义语言学产生以来，人们已经习惯于二元分类研究，对语言的每一个方面都希望通过二元分析来解决。无论是单位的确定、层次的切分，都如此处理。例如，在语音上，认定不是元音，就是辅音；在词汇上，认定不是词就是语素或短语；在语法上，认定不是有定，就是无定；在方言的区分中，认定不是 A 方言，就是 B 方言。这种思想甚至影响到文字性质的认识。不少现代汉语教材说，世界上的文字，可以分成两类，一类是表音文字，一类是表意文字。类似的例子很多。现在人们逐步认识到，这是与语言事实不相符的。

先看一个语音的例子。汉语的音节应该说是非常明显的。一般情况下，一个字就是一个音节，所以不少人以为在自然语言理解方面汉语有优越性，好处理，不像一些外语那样不好区分。然而，实践证明汉语的音节之间的关系并不是那么回事。从发音或者声学的记录来看，不要说音节内部一个音素与另一个音素难以切分开，就是听起来清清楚楚的一个音节与另一音节之间也很难断然划界。原因在于，同样一个音节在不同的上下文语境里具体发音是不同的，要想一下子掌握一个语言里每个音节在所有环境里具体发音的变化不是一件容易的事。从发音的过程来看，也是这样。例如，人们说话时，发音器官是怎样从一个音节到另一个音节的？通过仪器实验，人们发现人在说话时并不是发完一个音，发音器官先恢复到原始静止的位置，然后再转到发第二个音；而是在发前一个音时，后一个音的发音准备动作就开始了，这种动作就叠加在前一个音的发音动作上；同时，由于惯性的作用，前一个音的发音态势要在后一个音正式开始以后一段时间才能逐渐脱离。语义的中间状态更是早就被人所注意。如许多时间词所表达的时间概念是难以划界的，例如，“早上”和“上午”；“晚上”和“夜间”等。另如，表示年纪的“青年”和“中年”；“中年”和“老年”等也是如此。

语法上的中间状态人们最初似乎没有充分意识到，因此常常就一些语言现象发生争论。但是到后来，人们才发现其间的许多争论是因为中间状态造成的。词类划分可以说是典型的例子。人们过去已经认识到词的兼类，但是兼类的概念并没有反映出中间状态。人们在动词和名词之间、动词和形容词之间、形容词和名词之间都找出了所谓的兼类，例如，“代表”这个词就是兼有动词和名词两类特征的词。人们以是否有意义联系来区分词的兼类和同音词。比如，把上面提到两个“代表”看成兼类词，而把“锁门”的“锁”和“一把锁”的“锁”看成两个不同的词。这说明汉语词类中的情况是比较复杂的。事实上，上面这几个词的情况可能还不是问题的全部。更复杂的是另外一些词，例如，一些语法著作提出现代汉语中一些动词要求跟动词性宾语，如“进行”（进行斗争）“加以”（加以解决）等。其实情况可能并不是那么简单，如我们可以说“进行坚决的斗争”“加以认真地解决”等。在这里，按照一般的说法“坚决地斗争”和“认真地解决”应该是名词性短语。

除此以外，结构层次上和各级语言单位间也有中间状态。例如，汉语语素和词、词和短语的区分之所以非常困难，除了传统上所说的各级语法单位构造上的一致性，还有一个重要的原因就是汉语各级语法单位之间有中间状态。还有像“有定”和“无定”，有人认为，如果从交际的角度看，按照汉族的虚实观念，所谓的有定无定可能是非常复杂的。例如，可以分成四种类型：①说者实指，听者也实指；②说者实指，听者虚指；③说者虚指，听者实指；④说者虚指，听者也虚指。类型①是明显的有定；类型④是明显的无定；类型②和③处于中间状态，其中类型②靠近类型①，是准有定；类型③靠近类型④，是准无定。语用上的中间状态也表现在许多方面，最明显的是语体有中间状态。传统上把语体分为口语体和书面语体，实际上口语体中有书面语体，书面语体中也有口语体，典型的例子是节目主持人所使用的口语。这种口语既不是初始口语也不是书面语，只能是中间状态。此外，就连我们传统上所说的疑问句中的设问和反问也有中间状态。就以设问和反问来说，过去人们认为设问本身不表肯定或否定，自问自答；反问本身表示肯定或否定，问而不答。于根元在他的一系列研究中证明了二者中间存在着中间状态。

既然人们对语言的观察和描写不符合语言事实，那么所概括出来的理论就必然缺乏解释力，其操作方法也必然会遇到许多麻烦。为了避免这些麻烦，就不得不绕弯走，而越绕问题也就越多。例如，像“这本书的出版”之类，为了能够自圆其说，有人把“出版”看成动词的“名物化”，有人则说它仍然是动词。似乎也都有自己的理由。表面上看来这些只是处理方法问题，实际上这涉及对汉语自身的认识。为什么这些词可以“名物化”？是不是所有的动词在所有的情况下都可以“名物化”？恐怕不尽然。这些词可以“名物化”，可能就是因为它们本身处于中间状态，当需要动词的时候就表现出动词的特征，当需要名词的时候就表现出名词的特征。

现代汉语中的介词和动词的区分也很能说明这个问题。我们知道汉语的介词基本上是从动词来的，因此不少介词至今仍有动词的某些特征。这就使得人们区分动词和介词时有许多麻烦。其实，这里所反映的正是汉语词类的一种过渡状态，证明汉语的词类是动态的，汉语也是发展变化的。这也进一步说明在共时和历时之间没有绝对的界限，不能把共时和历时完全对立起来。由此可见，中介理论的提出无论对于认识语言的本质还是进行语言分析都具有重要的意义。

（四）层次理论

层次理论指的是语言是分层次的，层次是语言运动的时空和方式。这个层次跟事物分层次、人的认知过程分层次、人的很多方面分层次是密切相关的。这个结构的底层比较稳定，越往上越活跃。

不同层次的语言对不同的人有不同的要求。例如，小学生一开始学词、短语，复句在后面学。推广普通话对不同的人也有不同的要求，对在语言方面起示范作用的人则要求更高。

不同层次的人使用语言的情况不同。语言分比较稳定的内核和比较活跃的外层以及中介物。内核如基本词汇、基本语法、语音系统等，外层如新词新语、广告语言等。内核部分比较好做标准，外层部分往往适宜提出指导性意见。内核部分，语言水平比较低的人要尽快掌握，语言水平高的人使用了外层的许多手段。比较稳定的部分都是从比较活跃的部分来的，比较活跃的外层同比较稳定的内核都是语言的有机组成，共同为人们的语言交际服务，它们之间是互补的关系。

如果说一个人使用的语言是他的主体语言，总的语言是客体语言，那么不同层次的人的主体语言在客体语言里处于不同的层次。因此，一个人的语言又是这个人的第二形象。此外，语言能反映一个人的性格、修养、职业等。语言比外表等第一形象更内在、更真实。在语言方面起示范作用的人，他的语言往往代表一个地区、一个民族、一个国家的第二形象。

层次理论渗透在有关的各个方面，概括起来包括：①理论和应用的层次，理论层次低的应用层次也低；② 20 世纪应用语言学同本体语言学一直在寻求高层次的结合；③ 1997 年到 21 世纪中叶之前推广普通话分两个阶段的目标，这也是层次的不同和关联；④推广普通话对不同层次的人有不同层次的要求，普通话水平测试提出了分层次的要求；⑤语言规范也是分层次性的，交际值、交际度都是分层次的意思；⑥修辞也有层次性；⑦语言文明分层次，当前提出的“语言美”是基本的要求；⑧应用语言学的基本理论中，交际理论是纲要性的，其他是从属的；⑨语言交际是多层次交叉的，需要在多层次交叉的语言交际中培养语言交际能力；⑩创造能力是最高层次的语言能力。

（五）潜显理论

潜显理论是我国一些语言学者在 20 世纪 80 年代到 90 年代逐步形成的一种关于语言发展的基本形式的语言观念。20 世纪 80 年代初，南京大学教授王希杰开始涉及这个问题，但语言潜显概念的明确提出是在 20 世纪 80 年代后期，而比较系统的理论的形成，大致在 20 世纪 90 年代中期。

“显”指的是显现在表层的、现实的状态；“潜”指的是潜藏在深层的状态。该理论认为，可以把语言的世界分为显性的世界和潜在的世界两个大部分。所谓显性语言就是到目前为止人们在使用的部分。所谓潜在的语言世界指的是按照语言的规则所形成的一切可能的语言形式的总和，但是它们还没有被这个语言社团所利用和开发。潜显理论强调语言的动态本质，其核心内容是：显性语言潜性化和潜性语言显性化是语言发展的最基本形式，潜性语言的大量存在使语言具备自我调节功能。语言潜显理论对语言动态与稳态关系的揭示非常值得重视。这一理论认为，运动和时空是连续的，事物不是同时空同样显现的，显和不显又是有条件的。语言当然也是如此，加上色彩的显现，可以说语言始终处在“潜”和“显”

的过程中。语言研究的就是语言的潜和显及其相关条件。语言的各种属性和语音、词汇、语法及修辞等各个方面，其存在形态都是既有显又有潜。语言之所以不是同时空同样显现，主要是为了交际。语言不仅有潜和显两个方面，还有“初显”“显现”“隐退”和“占位”等具体情况。语言在发展过程中，不仅显的部分有变化，潜的部分也有变化，一旦具备潜词显化的条件，潜词就会出来占位，语言始终处在“潜”和“显”的运动之中。

第二节　应用语言学视角下的大学外语教学

一、应用语言学视角下的外语听力教学

（一）应用多媒体技术开展大学外语听力教学

1. 引入支架式教学模式

支架式教学以学习者为中心，是在学习者原有知识的基础上帮助其构建新知识体系的一种概念框架，框架中的概念是为了让学习者更好地理解知识。因此，大学外语教师必须提前分解复杂的学习任务，逐步引导学生，使其更深入地理解知识。支架式教学的具体环节如下：①搭脚手架。教师围绕本次外语听力教学主题，建立概念框架。②进入情境。教师可以借助多媒体设备播放一些音频影像，带领学生进入一定的听力学习情境中。③独立探索。教师针对本次的学习主题提出问题，让学生独立分析。在探索之初，教师借助多媒体设备播放一些线索，启发和引导学生，之后逐渐放手让学生自己独立探索，通过这一环节中的师生良好互动和多媒体技术支持，帮助学生沿概念框架进行有意义的学习。④协作学习。通过小组协商讨论汇集学生意见，共享集体思维成果，最终让学生借助多媒体设备全面展示讨论结果，完成对所学知识概念框架的建构。⑤效果评价。教师最终可以借助多媒体设备全面、立体地展示听力学习评价结果，使学生能够更加直观地认识到自身在听力学习中存在的问题。

2. 激发学生学习兴趣

教学目标在教学活动中十分重要，教学目标的制定是整个外语听力教学的关键环节。制定教学目标时不仅要参考教育部的考核要求，还要考虑学生的兴趣。在外语听力课上，教师不仅要操作多媒体设备、了解学生的学习情况，还要激发

学生对外语的兴趣。教师可以充分利用多媒体设备播放一些外语歌曲或电影片段等，激发学生对外语的学习兴趣，培养学生的外语逻辑。同时，学生也可以利用多媒体设备为影像重新配音，或选取影像片段进行表演。这些教学方式既提高了学生对外语听力的敏感度，又充分发挥了学生的个人才能，调动了学生对外语的学习热情。学生可以借助多媒体设备真正地参与课堂教学，成为外语听力课堂的主体。

（二）应用“游戏化”教学模式开展大学外语听力教学

在大学生外语综合运用能力建构的过程中，听力是建立有效外语习得环境的重要因素，如建构主义学习理论、认知主义学习模型、行为主义学习理论、信息加工模型等，无一不强调听力对于语言综合运用能力的关键性功能和价值。从整体性视角来看，大学生听力的发展对于说、读、写、译等能力发展至关重要，听力好，可以矫正口语发音和表达，有助于撰写和口译。俗话说“万丈高楼平地起”，听力就是基础，然而，对大学生而言提高听力能力并非易事，这与大学外语听力教学“重笔试轻听说”关系密切，同时，也与大学外语教学模式创新性不足密切相关，导致大学生听力学习的积极性和主动性被消解。

大学生跨文化交际意识和交际能力的提升是建立在听力能力有效提高的基础之上的。要在教学方法上实现“教的目标”向“学的需求”转变，促进大学生由“被动学习”向“主动学习”转变，使大学外语真正做到“因材施教”，确保大学生外语综合运用能力稳步提升。教学方法改革的成功标准在于坚持以学生为中心，引导学生自我实现知识能力的建构。“游戏化”教学方法强调以大学生为课堂主体，规避外语学习的枯燥性、固化性，将大学外语的人文性和工具性进行嵌入，使大学生在“学中乐、乐中学”，主动进行外语综合运用能力的建构。因此，在大学外语听力课堂开展“游戏化”教学具有可行性和可操作性，通过开放性的教学课件设置，打造个性化学习方式，为提高大学生外语交流能力和跨文化交际能力保驾护航。

1. 大学外语“游戏化”教学的现状分析

大学外语游戏化教学并非单纯地建设一个教师与大学生进行生活化游戏的空间。在“互联网+”时空场域下，更多的是发挥“互联网＋教育”的价值和功能，通过设计和应用“网络化游戏”来提高大学生的听力水平，其益处在于不占用课堂教学的宝贵时间和引导大学生进行自主化学习。针对大学外语听力教学理论研究的前沿问题和重点难点问题，当前学界对于大学外语听力教学研究的主要方向是“教师的教”和“学生的学”，前者主要是指教学方法问题，后者主要是指听力障碍因素的解决问题。在教学方法层面，倡导开展任务式、行动导向式、合作式、项目式、探究式等教学方法，对于交互式游戏化教学则较少关注。

在人类日常交流中，听力理解所花费的时间是读写活动的6～7倍。因此，从语言的工具性价值而言，学习听力至关重要。在“互联网＋”时代，利用信息技术来提升教学质量是教育教学改革的形势所需、发展所求。网络化教学资源可以为外语教学构建一个交互式的教学氛围，激发学生的学习动力，使其主动融入教学情境中来。实际上，美国、欧洲、韩国、日本、新加坡等国已经在语言听力教学中进行游戏化教学的有益尝试，通过开发设计与大学生认知能力相当的游戏教学软件，引导学生在游戏中提高听力水平。在大学生外语听力教学中导入游戏化教学模式具有可行性和可操作性。

2. 大学外语听力“游戏化”教学的设计和应用

开展大学外语听力“游戏化”教学设计和应用必须围绕学生“学的需求”、学生认知能力水平、成长成才特点、学情和“游戏化”教学系统等问题，明确教学目标和学习对象学情，才能使“教学游戏”更加具有针对性和可行性。

（1）学习目标的设计

对于大学生而言，其外语学习的主要目标是提升听、说、读、写、译综合运用能力，从听力层面而言，就是要“听得清、听得牢”，进而提升跨文化交际能力。大学外语课堂实施“游戏化”教学即运用信息网络技术，打造“互联网＋”的交互课堂，从而提升交互性游戏在大学外语听力教学中的效果。主要解决以下关键问题：一是交互式游戏教学环境的构建问题；二是学生参与交互式游戏教学的积极性和主动性问题；三是交互式游戏教学的效果问题。

（2）学习对象分析

“因材施教”是大学外语听力游戏化教学取得良好效果的关键。为更好地明确大学生外语听力“学的需求”，要对大学生进行外语听力教学调查，主要围绕教学效果、教学方法、教学内容等层面展开。

（3）大学外语听力“游戏化”教学设计和应用

大学外语听力“游戏化”教学设计是在基于互联网技术的层面下进行的，作者依据竞技游戏中玩家协作和竞争的模式，设计角色扮演的“游戏化”教学程序，主要运用游戏引擎进行开发设计，把竞技游戏模式导入大学外语听力教学中来，让学生通过“组队”在游戏中与另一队“竞争”，最后获得成绩和能力的提升。

学生通过本人的学号登录游戏系统，选择一个虚拟角色，然后和其他同学组队协作，并进行虚拟对抗场景选择，游戏对抗结果纳入学生过程性教学评价，并计入综合成绩。在对抗场景中，每一位角色扮演者所完成的任务数将会导出其即时排名，任务分为程序出题和玩家出题两大模块。

在程序出题环节，主要是围绕大学外语水平测试的听力形式，要求玩家在指定的时间内完成一定量的听力题，然后通过选择题、连线题等方式让玩家完成设定的任务。在完成任务时，既注重个体的发挥又注重团队的协作，并对个体和团队的表现进行形成性评价。此外，程序出题还有另一种方式，即通过参考听力教程，让玩家听完一段短文，然后在游戏界面将原文写出来，SQL Server 编写程序会对玩家所写短文的准确性和相似度进行打分，分值高的一方赢，并与其他队赢的玩家进行下一轮比赛。

在玩家出题环节，出题组在游戏的资源库进行选择，选择一组新闻、电影、微课等内容的短文，让攻题组玩家来完成，并在线上传案，系统及时将答案推送至出题组，让其根据标准答案来进行评分。接着，两组调换位置，进行出题组和攻题组位置更换，循环往复 10 组题后，以得分高者为胜。此外，系统还设计了几个解题时间点和相似度坐标，在越短时间内完成且越接近原文的得分越高。

总之，在互联网高度发达的时代，大学外语听力教学理应谋势而动、顺势而为、顺势有为，积极围绕社会对大学生外语综合运用能力的需求，主动对接大学生“学的需求”，引导教育教学改革。通过“游戏化”教学模式在大学外语听力教学中的运用，学生听力学习的积极性和主动性大幅提升，听力水平也得到显著提高。

（三）应用元认知策略开展大学外语听力教学

当前，我国实行的素质教育要求培养具有高素质的人才。在经济全球化进程日益加快、外语交流越来越重要的今天，外语的听说读写能力已成为衡量一个学生综合能力的重要指标。听说读写中“听”位居首位，提高听力能力才能更好地理解和内化表达。教师必须高度重视大学外语听力教学的有效性，促进学生听力能力的有效提升。

大学外语听力教学历来是大学外语教学的一大难点，很多教师对提高外语听力的方法进行了探讨，元认知策略是其中一种较为有效的方法。

1. 计划策略

任何一堂外语听力课程的有效完成都需要师生共同努力，元认知的计划策略是指学习者根据自己的学习目标制订相应的学习计划。目标是前进的动力，清晰科学合理的目标及根据目标制订的学习计划，能让学生有目的、有计划地进行外语听力的学习，提高学习的效率。

教师在外语听力教学中应用元认知的计划策略时，应针对学期学习目标，认真研读教材，制订听力教学的目标和基本计划，并将其详细地告知学生，便于学生在预习、学习过程中将学习重点放在某些章节，有主有次地运用时间和精力，提高学习效率；针对每一堂课，教师也应将本堂课的教学目标、基本计划告知学生，让学生带着目标跟着教师的教学计划顺利参与课堂学习；针对学生本身，教师应尽可能地全面掌握学生的学习基础、学习习惯等，在外语听力学习过程中，鼓励、引导学生针对自己学习存在的问题和不足，制订相应的改善计划，包含改善方法、进度、重点训练内容等，通过学生的自我检查、学生之间的相互监督、教师的抽查评估等，及时全面地掌握学生的听力学习情况，具体问题具体分析，提升听力学习。

2. 监控策略

元认知策略中的监控策略是指学习者对自己的学习方法、学习进度、学习效果等学习情况进行静态的、动态地监控和评估。大学的教学模式和小学、初中、高中是不一样的，课程安排相对松散，课程之间的间隔也比较长，对学生的自律能力、自学能力、自我管理能力要求较高，外语听力学习更加看重学生的主体性，相比其他阶段的学习，教师的主导性被弱化，但不代表教师可以放松对学生的指导、引导。

也就是说，教师要积极鼓励学生根据自己的学习目标、学习计划，检查自己的学习状态、学习方法、学习习惯，看有没有达到目标，存在什么问题等。比如，教学过程中，教师要积极对学生的学习情况进行监控，通过定期的学习检测、课堂提问等适时地掌握学生的学习情况，具体到某一堂课教学中，教师要加强教学过程的监控，如通过注意力监控，确保学生跟上自己的教学节奏，理解教学的重点、难点，掌握听力训练技巧等。元认知的监控策略是一个静态监控与动态监控相结合的过程，学生始终是监控的主体，教师的任务是通过加强引导和教育，让学生正视自己的学习内容、方法、进度、习惯是否有效，是否有序地执行外语听力学习计划，是否积极地推动外语听力训练，为下一环节的调节策略奠定基础。

3. 调节策略

调节策略是指学习者对自己的学习情况进行评估后，对自己的学习情况进行调节。调节策略是监控策略的反馈，对监控策略中发现的优点加以保持，存在的问题进行调节和修正，更好地促进学生学习的进步和学习目标的实现。比如，教师在听力教学过程中，如果发现学生的学习进度跟不上自己的讲授进度，要及时放缓；如果长时间的日常积累训练收效不如预期，教师应加强技巧训练，提醒学生格外注意时间、地点、数字、说话者反复强调的、语气转变的、具有转折意义的词汇等信息，提高听力技巧和迅速分析、理解、判断的能力，并在日常的自我训练中不断实践、总结经验加以运用。

听力训练的根本是听的能力训练和外语思维的训练，为了提高学生的外语思维能力，教师平时应积极推荐学生阅读相关书籍，并监督学生的阅读情况，具体课堂教学中，为了让学生更好地适应考试听力、日常外语交流的速度和语调，教师可引导学生积极接触不同外语国家的外语发音，通过美剧、英剧、不同国家的新闻等来适应外语。

总之，在元认知应用于大学外语听力教学过程中，教师要尽可能地引导、提供方法论，让学生吸收这些有益的指导和方法后，根据自己的学习评估监控情况进行相应调节，促进自身外语听力水平的提高。大学外语听力是大学生综合能力培养的重要组成部分。元认知策略是指学生对自己的认识过程及结果的有效监视及控制的策略，是一种典型的学习策略。采用元认知策略进行外语听力教学对促进大学生外语学习有效性的提升具有积极意义。

二、应用语言学视角下的外语口语教学

（一）应用语言学视角下外语口语教学原则

1. 互动原则

在外语口语教学中，口语练习是一个重要的组成部分，需要教师耐心地指导和教授，还需要学生付出较多的时间以及学习精力来学习和练习。众所周知，学生的外语口语练习本来就是一件比较单调和枯燥的活动，这时候如果学生没有适合练习外语口语的环境，学生就很有可能会放弃学习外语口语。由此可见，在外语口语的教学中，教师为学生创设一定的口语练习环境至关重要，这也要求在外语口语教学中要坚持互动的原则，让学生都能够在互动的过程中学习和练习外语口语，提升学生兴趣的同时激发学生的热情，从而提升每个学生的外语口语表达技巧。

2. 先听后说原则

在外语的表达中学生听外语和开口说外语这二者之间有紧密的联系，它们二者互为基础。实际上，在实际的外语口语对话和交流中，交际双方都必须先听取

对方的讲话内容，才可以进一步继续回答对方的问题，以及用外语口语表达自己的思想和看法等。因而，在跨文化交际中，交际者需要遵循先听后说的原则，从而促进交际的顺利开展。

3. 科学纠错原则

在高校外语口语教学中，学生出现口语错误是非常常见的现象，教师应采取正确的态度来分析和看待这件事情。在高校具体的外语口语教学实践中，当学生在训练外语口语时，教师可以认真地倾听学生的训练过程，对于外语对话或者交际中出现的不太重要的外语口语问题，教师可以适当地忽略不计，只要学生的外语口语训练没有实质性的大错误，教师就不要频繁地打断学生的练习，教师频繁打断不仅会扰乱学生的思路，还会打击学生的自信心。教师正确的做法应该是在学生完成相应的练习之后，在所有学生面前统一指出学生外语口语练习中常见的错误以及注意事项，从而避免学生在接下来的练习和实际应用中重复犯错。

4. 循序渐进原则

外语口语的练习和掌握是一个长期的过程，需要学习者在练习的过程中遵循循序渐进的原则，从而由浅入深地学习和掌握外语口语的相关知识和技能。来自不同地区的大学生往往会使用不同的方言，这些学生在学习外语口语时一定要适当克服方言发音对外语口语发音的影响，从而使自己的外语口语发音更加准确、合理。此外，在具体的教学计划安排中，学校的相关管理人员以及教师等也需要遵循循序渐进的原则来开展各项外语口语教学工作，教师制定的教学目标不能太高，否则就会给学生造成较大的心理压力，使学生在学习外语口语时始终压力重重，体会不到学习的乐趣；教师制定的教学目标也不能太低，否则也难以激发学生的学习积极性。

（二）应用语言学视角下外语口语教学方法

1. 文化植入教学法

如果只是单独地开设一门文化相关的课程，则会由于文化内容往往庞杂使很多学生提不起兴趣。因此，在实际的外语教学中植入一定的文化则会带来比较好的效果，它不仅能够恰当地吸引学生的注意力，还能够加深学生的理解，使学生在掌握背景文化知识的同时学好外语口语知识和技能。

文化植入有如下原则。

第一，适当原则。在实际的外语口语教学中，外语教师在植入文化时也要遵循适当的原则，即教师要充分考虑学生的年龄层次、兴趣以及学生的实际学习情况等，从而通过文化植入来提升学生的外语口语技能。因此，外语教师在植入文化时一定要准确地把握适当的原则。

第二，在精不在多原则。在具体的外语口语训练中，教师一定要选择适合的机会和节奏来植入文化，不要求教师要植入大量的文化，但是教师植入的文化一定要注重质量，要找准“切入点”，从而激发学生对外语口语的学习兴趣，使每个学生都愿意开口主动练习外语口语。

第三，服务于口语教学原则。在实际的高校外语口语教学中，教师进行文化植入的目的性非常明确，那就是要服务于外语的口语教学，提升学生的外语口语水平，因而文化植入还要遵循“服务外语口语教学”的原则。

文化植入的方式。对于教师而言，在教学的时候就应该采用比较合适的方式，将这些内容融入教学中，让它能为口语教学服务，同时需要注意的是不能喧宾夺主，而是应该起到潜移默化的效果，可以采用直接呈现和间接呈现的植入方式。在教学的时候不可避免地会遇到许多与文化有关的主题，教师就可以将这些内容更为直观地呈现给学生，引导学生深入理解此类文化主题。教师可以灵活选择教学手段导入教学内容。例如，教师的讲授与建筑物有关，那么在课堂上就可以多一些建筑物的表达呈现方式，教师可借助多媒体，将不同时代的建筑播放给学生看，直观的视觉作用就会让学生对这些不同的建筑有更深刻地理解。

在教学时，教师也应该掌握教学的不同表达方式，让学生能对所学习的内容进行实际操练。在表达的时候，学生对这些知识的印象就会更为深刻。除了直接呈现的方式，教师还可以根据不同学生的情况采取间接呈现的方式，逐步将与文化相关的内容融入教学活动中。一般而言，教师可以设计一些比较有趣的英文选择题，可以让学生进行抢答，这样显然可以提高课堂效率，让学生以更为饱满的热情投入学习中，学生在锻炼的过程中能逐步提高自己的口语交际能力，并拓宽自己的知识面。

2. 文化渗透教学法

在外语口语教学中，文化植入与文化渗透之间有一定的共同点，教师需要在教学中导入一定的文化因素。在具体的口语教学过程中，教师也可以通过文化渗透的方式逐步提高学生的口语表达能力，一般而言，教师可以采取以下方式。

（1）文化对比法

在具体的口语教学实践中，教师可以将两种文化进行对比，帮助学生了解不同文化之间的差异，从而逐步培养他们的跨文化意识。在教学的初始阶段，教师可以将文化差异讲解给学生听，在交流的过程中，也应该点明那些易犯的错误，错误的产生与文化差异的存在密切相关，在反复的理解过程中，学生就能对文化差异有更为深刻的认知，并在之后的交流中注意克服。除此之外，教师可以通过分析不同文化之间的差异，让学生更尊重不同地区的文化，这样也可以逐步提高他们分析与处理文化的能力。很显然，文化对比是一种非常有效的教学方法。

（2）教师引导法

在与学生的交流过程中，教师应该对学生进行有效引导，如果学生产生了交际障碍，教师就应该积极对学生进行启发，这样不仅尊重学生，还能让学生感受到文化知识的熏陶，从而不断激发他们语言学习的兴趣。

3. 外语口语任务型教学法

任务型教学法也是外语口语教学中的重要方法，它是以学生为中心，以小组合作学习为主要学习形式，以学生完成任务为目标的一种教学法。任务型教学法以任务为导向，引导学生参与教学活动，可以有效调动学生的积极性，增强学生的合作竞争意识。具体而言，外语口语教学中的任务型教学法主要包含以下四个步骤。

（1）呈现任务

呈现任务的阶段就是帮助学生进行语言和知识上的准备工作。呈现任务时，教师要遵循先输入、后输出的原则，结合学生的实际生活和学习经验，创设与学生学习或生活相关的情境，激发学生的学习兴趣。此外，教师还要为学生提供与话题有关的环境及思维的方向，以加强新旧知识之间的连接，使学生在巩固旧知识的同时，掌握新知识。教师呈现任务的方式灵活多样，如图片、投影仪、多媒体等，只要能真实有效，能够促进学生语言输出即可。

（2）实施任务

实施任务是任务型教学法最为重要的一个阶段。学生在接到任务以后可以采取多种方式实施任务，如小组自由组合的方式。小组自由组合或结对子的方式不仅可以为每个学生的口语表达提供练习机会，还有助于培养学生合作互助的意识，增进学习的效果。此外，实施任务时，教师也可以通过设计多个小任务构成任务链的方式进行。在实施任务阶段中，教师的主要任务是监督和指导学生的活动，保证活动顺利有效地开展。

（3）汇报任务

学生完成任务以后，教师可要求各小组派代表或者小组内部推选代表向全班汇报任务成果。当学生汇报任务时，教师应注意不要打断学生的表达，在学生需要帮助的时候适当给予指导尽量使学生的汇报流畅、自然准确。

（4）评价任务

任务汇报结束后，教师和学生要一起对任务进行评价，分别指出各个小组的优点和缺点。例如，对学生的语音、语法、流利程度等方面做出评价，评价时要讲究一定的策略。

总而言之，语言学习离不开语言环境，教师在平时的教学活动中应坚持用外语组织课堂教学活动，创造有利于外语学习的语言环境，让学生在外语语言环境中形成良好的学习习惯，逐渐培养他们对语言的感悟能力。

三、应用语言学视角下的外语阅读教学

（一）文化差异与外语阅读教学

词汇是语言系统中的支柱部分，同时也是构成文化信息的基本载体。在阅读时，学生的词汇量显然是一个非常重要的影响因素，助力学生了解词汇的文化内涵能逐步提高外语阅读教学的效果。具体到教学中，教师应该意识到词汇知识的重要性，并让他们逐步了解同样的一个单词在不同的文化语境下所表达的不同意思，这样就可以逐步增强学生的文化意识，从而有助于他们阅读能力的提高。

外语教学是文化教学与语言教学的结合体，语言习得不仅指学习者对语言基础的了解和掌握，还指熟悉并应用目的语的文化知识。因此，忽视文化而开展的语言教学活动是不全面和不完整的。习语是文化的重要组成部分，在外语中有大量的习语，如果不明白这些习语背后的文化含义，就无法做到真正理解这些习语。教师应该有意识地给学生讲解一些常用的外语习语，让学生逐步积累、掌握更多的习语，从而也可以提高学生的阅读能力，这就需要教师在日常的教学工作中，除了对学生进行词汇、语法方面的知识教学，还应该对教材文章中所涉及的文化因素进行深入挖掘，把握对学生进行文化教育的契机，立足于中外文化差异，从民俗习惯、国家地理、文化传统、地理风俗等多个方面出发，帮助学生了解中外文化的差异，促使学生在阅读过程中能够从跨文化的角度正确辨识文章的内容，而不是运用中式文化思维去思考问题。

外语与汉语语篇之间的差异性较大，一般而言，外语的观点等会在文章的开头直接说明，并且作者也会在开篇的时候表明自己的态度，后面才是论述环节。但是汉语语篇往往是归纳型的，一般先进行陈述，在末尾的时候才会表明自己的观点与态度。在阅读教学的过程中，教师应让学生明确外语与汉语思维的差异，

并且明确这种差异对篇章结构的影响，这样学生就可以根据不同的语篇特点选择合适的阅读方式。

（二）基于应用语言学的外语阅读教学方法

1. 立足语篇与语境

在阅读外语篇章的时候，部分学生可能明明知道这个单词的意思，但是却仍然不能体会出这个单词与上下文的关系，也无法对篇章做出正确的理解；部分学生在阅读的时候并没有意识到英汉文化的异同，这样显然会给学生的阅读带来障碍。为了解决这个问题，教师就应该从整体的层面出发展开教学，并应该让学生拥有全局意识，只有这样才能不断提高学生的阅读能力，具体策略包括：第一，让学生明确不同语言之间逻辑结构上存在的差异；第二，让学生明确不同语言的表达方式的差异；第三，让学生明确不同语言的修辞差异。

2. 灵活运用阅读策略

（1）略读

在阅读的时候可以以很快的速度通读原文，这样可以从总体上把握文章的主要意思，在阅读的时候并不需逐字逐句地读，往往仅需要读一下每段的首与尾即可。具体到实践中，在阅读的时候需要重点注意的内容包括：第一，段首与段尾；第二，文章的标题以及作者着重指出的部分；第三，文中的关键词。

（2）预测

在阅读的过程中有一个重要的环节那就是预测，预测在阅读中发挥的作用非常重要。在阅读之前，学生可根据课文中的一些关键词展开想象并对相关的情节进行预测，不仅能锻炼学生对知识的运用能力，还能有助于他们逻辑能力的提高。在不同的文章中会有不同的标题，这些标题往往就是文章中心思想的凝练与总结，教师可以引导学生通过标题去预测课文的主要内容，不论猜测的结果是怎样的，这都会有助于学生对课文的理解。

（3）推理判断

有时候并不能从文章的字面意思上找到所需要的信息，这时就需要学生运用自己的判断。在进行推理判断的时候，学生应该从全文的角度出发进行推理，这样才能得到文本的正确思想。一般而言，推理判断包括直接推理与间接推理。直接推理比较简单，理解原文的表面意思之后就可以得出结论。间接推理是一种比较复杂的推理方式，要求学生能够挖掘文章背后的深层次含义以及作者的隐晦所指。

（4）查找主题句

在外语阅读教学中，教师可以将主题句出现的大体位置告诉学生，并且应该辅以具体的实例。一般而言，主题句的位置是比较灵活的，出现的位置包括：第一，段首，有时候作者会将自己的观点态度先表达出来；第二，段尾，有时候作者也会将自己的观点放在段落的末尾，在此种情况下，主题句往往是对文章中论述问题的总结；第三，同时位于段首和段尾，此时段尾的主题句是对段首主题句的总结与升华。从结构上而言，不同位置的主题句在结构上也是存在差异的。

3．在教学中融入背景知识

教师在开展阅读教学的时候需要围绕中心材料展开，材料的背景知识等对文章内容的理解是非常重要的，在教学时教师也应该着重对待。教师自己就应该明确关联性原则，并且在运用这种原则的时候就应该激活与此材料相关的话题与图示等。在具体的教学中，教师应该将这些知识自然而然地融入教学中，并把握好其中的比例。

4．培养学生跨文化阅读能力

（1）扩展学生的跨文化知识

在培养学生的跨文化阅读能力时，教师应该明确语言知识以及文化知识的重要性，主要表现在：第一，相对于其他的材料，教材具有更高的权威性，学生完全可以根据教材上的内容进行学习与模仿；第二，在特定的语境下，作者会发表自己的见解并表达自己的感情，其中就会涉及表层文化以及深层文化，为了让跨文化交际能够得以实现，学生就应该掌握一定的跨文化知识；第三，如果学生缺少某些跨文化理论，那么教材中所涉及的相关文化知识就能对此进行有效弥补，从而减少文化冲突的发生。学生在学习教材中的文化知识时，能够帮助自己后续进行目的语的理解，并且更能把握好作者的言外之意。因此，教师在授课的时候应该全面挖掘语篇中的文化内容，让学生能更好地吸收其中的跨文化知识，从而发挥语篇阅读教学的作用。

（2）强化学生的跨文化意识

教师应该重视阅读教学中文化渗透的重要性，一般而言，阅读不仅仅是去读各种文字，还应该体察到文字背后所蕴含的文化因素。如果没有在思想的层面上意识到文化的重要性，就容易导致理解偏差，需要教师在阅读教学中逐步培养学生的跨文化意识。在跨文化意识养成的最后阶段，行为主体能通过自己的理解去评判现存的某些文化现象，此时，其认知水平已经能够超越对文化的理解，能从文化的优缺点出发进行评判。教师应该培养学生能够正视不同文化之间的差异，并能尊重不同的文化，同时也应该有自己的看法。教师不仅要为学生详细讲解知识，还要培养他们自主学习的能力，挖掘他们的潜能，激发他们的自主学习意识，不仅提高他们的学习成绩，还要帮助他们养成良好的学习习惯，为他们之后的人生道路做好铺垫，为他们之后的工作学习奠定基础。

(3) 展开有效的文化研讨

在探讨他国文化的时候，教师可以将其分成若干个小主题，并且在一定的时间里让学生对此展开讨论，在讨论的时候应该追求讨论的效果，教师要尽力发挥所有同学的积极性，让更多的同学都能加入讨论的环节中。在讨论之前，教师就需要确定出一个合适的主题，同时在整个的讨论环节，教师都应该发挥好自己的支配以及控制地位。在学生讨论的时候，教师应该给他们一些建议、并帮助学生解决可能遇到的跨文化交际问题。随着这种讨论活动的开展，学生的文化背景知识也会得到进一步提高，从而增强他们的文化底蕴。在各种课堂活动方式中，课堂讨论是极为重要的，讨论效果如何会影响到课堂的具体实施，在课程开始前，教师应该让学生提早做好准备，使他们明白阅读的重要性，并与之探讨相关的阅读对策。在具体的课堂教学实践中，教师应该让学生明确教学的目的，并让学生能反思自己的所得。与此同时，教师也应该明确规则的重要性，让讨论活动能够有秩序地进行下去。

四、应用语言学视角下的外语写作教学

（一）应用语言学视角下的外语写作教学原则

1. 交际性原则

在外语写作教学中，教师应多给学生展示一些交际的场景，让他们能从中感受到文化差异。写作之前的讨论活动以及写作之后的修改活动都可以以小组的方式进行，这样就可以增强学生之间的交流。通过交流，学生可以获得更多的写作素材，在写作的时候也能更加得心应手。因此，在教学中遵循交际性原则是非常有必要的。

2. 注重基础原则

随着教学活动的开展，学生存在的各种各样的问题就会逐步显现，如拼写以及时态错误等，也有一些学生没有意识到细节的重要性，还有的同学在写作时会套用一些作文的模板，这些都是需要引起教师高度重视的问题。在实际的教学中，教师应该辅助学生打好写作基础，从而让他们的写作能力得到切实提高。具体到

教学中，教师就应该让学生明确上下文语境，避免学生进行套译。在开展句法教学时，教师应该让学生在理解语义的基础上进行句子的连接，与此同时，教师还应该从多处着手，让学生明确英汉思维的差异体现与背后原因。

（二）应用语言学视角下的外语写作教学方法

1. 培养学生的外语思维模式

在外语写作教学的过程中，教师应该引导学生对比不同的文化与特征，让他们掌握外语文章的组织方式，并逐步引导他们写出更高质量的文章。

2. 开设文化选修课，导入文化知识

教师除了应该在写作中融入文化知识，还应该进行有针对性的写作训练，逐步开设一些与文化相关的选修课，如“语言与文化”“语用学”等，这样不仅能让学生拥有更为广泛的接触多样文化的途径，还能让学生的视野得到进一步开阔，从而培养他们的文化意识。

3. 重视学生写作基本功的训练

句子是文章的基本构成部分，教师应教导学生把握基本的句子成分以及特征，逐步提高学生的语言基本功。除此之外，学生还应该对外语的语法有明确的认知。

4. 增加外语阅读量，强化外语语言应用能力

学生只有通过大量的阅读，才能积累到足够多的词汇并对词汇的不同含义产生深刻的认知，在阅读时，学生可以通过作品去了解某个时代的概况，跟随故事中人物的情感去品悟作者的感想，这样也可以给学生积累下丰富的素材，并陶冶他们的情操。因此，阅读是非常重要的，不仅可以开阔学生视野，还能在一定程度上促进学生写作能力的提高。

5. 引导学生规范写作格式

在外语写作教学中，教师应该让学生明确不同语言的文化要素，并且让他们按照特定的表达结构进行书写。例如，当教师在指导学生写作时，就应该让学生明确一般的写作顺序，因为一些英文的写作顺序与汉语是截然不同的，教师应着重进行讲解，以免学生出现较大的错误。

第三节　基于应用语言学理论的大学外语教学评价

多元化教学评价观作为当代教育评价的重要理念，日益受到学者和教育工作者的重视。在大学外语教学领域，这一理念更是与应用语言学理论的实践紧密相

连。多元化教学评价观强调综合考量学生的语言能力、跨文化交际技能和实际应用能力，注重不同层面、不同方式的评价，以期更全面地反映学生的学习成果。本节将以多元化教学评价观为出发点，探讨其在基于应用语言学理论的大学外语教学评价中的重要作用和实践意义。通过深入研究和探讨，旨在为外语教学评价提供新的视角和方法，促进学生语言能力的全面提升与发展。

一、多元化教学评价观

学生都不会希望自己在被评价时得到负向的结果，对于积极正向的评价，绝大多数的学生都是愿意接受的，是会因此受到鼓舞的，有些学生可能因此而自信心倍增，拥有更多的满足感，创造了更高的学习成就。为此，在建构多元化教学评价理念时，应以“人”作为主要的思考点，思考如何在进行教学评价的同时，协助学生认识自己、定位自己、实现自我增值。对人的发展、赏识教育和理解教育三个方面的探究则可以为我们提供更多有关评价价值取向的思考和依据。

（一）为促进发展而评价

教育提供给学习者的不仅是知识，还有知识以外的种种或无形或有形的精神激励，情感陶冶和价值观的升华，如面对困难的勇气和坚毅、解决问题的能力、良好的情绪智商、有取之社会用之社会的回馈之心等。也就是说教育的重点不仅是智力培养和知识的灌输，还要重视人的自我成长，要发掘和培养学生的道德、自信、创造力和意志力等与考试无关的潜能。一言以蔽之，就是教育与人的发展是息息相关的，因此评价学生也应是以促进学生发现自我的价值、发挥潜能，促进学生的自我实现为导向。

1. 评价与发展

近年来，国内外的专家学者认为评价学生时应考虑不同的情境，运用各种不同的渠道，搜集更全面和多元的资料，再从各个不同的视角或观点进行分析和判断，在对学生有充分了解的基础上进行综合性的评价。由此观之，评价应是有目的地促进学生更全面地发展的一项教育途径，所以教师必须对学生的发展，即对人的发展的本质有所认识，才能明了评价对学生发展的作用，从而更恰当地处理好评价与学生发展之间的关系。

人的发展有两种不同的含义：第一种是把它与物种发展史联系起来，将它看成人类在地球上出现及其进化的过程，即人类的发展或进化；第二种则是把它与个体的发展联系，将它视为人类个体的成长和变化的过程。其中强调人的发展是整体性的发展，从不同的视角和层面可将人的发展分为三个部分：①生理发展。机体的正常发育，体质的不断增强，神经、运动、生殖等系统生理功能的逐步完善。②心理发展。感觉、知觉、注意、记忆、思维、言语等认知的发展，需要、兴趣、情感、意志等意向的形成，能力、气质、性格等个性的完善。③社会发展。社会经验和文化知识的掌握，社会关系和行为规范的习得，成长为具有社会意识和实践能力的社会个体，能够适应社会发展的人。以上三者看似不同层面的发展，其实在相对独立的同时又是紧密相连的。因为在人的发展过程中，无论是生理、心理或社会的发展都是相互牵制、唇齿相依的。在确定教学评价的价值取向时，绝不能偏离“促进人的发展”这一个重要的取向。要知道，教学评价的主要作用是有目的地促进学生更全面地发展，而非让学生个体的发展受到挫折。简而言之，评价应该具有发展性。

什么是具有发展性的评价？具有发展性的评价是促进学生的发展，协助教师提升和改善教学的评价。其中要强调的是发展性的评价取向能更有效地发挥评价在促进和修正方面的作用。在本质上，具有发展性的评价本身就是一种与价值有关的活动，希冀评价能为学生的全面性发展带来正向的引导。

发展性的评价具备两个层面的功能。第一个层面是评价是促进学生发展的工具，学生可通过评价了解自己的学习成果，发现自己在学习上的问题，再加以修正改进；第二个层面则是评价不只是一种工具，而是学生发展过程的一个组成成分。

2．评价在发展中的作用

（1）促进学生的多元发展

多元化教学评价的实施应朝着促进学生全面发展的方向前进，教师再也不应以考试成绩的优劣来判断学生学习的程度，学生在纸笔测试或标准化测验中的表现不佳，并不代表他在语言表达或其他概念上亦表现不佳。不是所有的学生都以相同的方式来求知、理解和学习，他们是不断成长、不断发展的个体。多元化教学评价不能只是对学生学习过的知识进行检测，事实上多元化教学评价应该探讨学生在学习过程中出现的困惑或疑问，然后指引他们寻找或开拓一条适合自己学习的道路。我们不能只让学生继续地死读书，读死书，而不落实在具体的行动上，这有碍他们的全面发展，致使他们成为知识的奴隶而不能成为智慧的主人，我们要培养的是懂得发掘问题、面对问题和解决问题并朝向全面发展的学生。

哈佛大学教授加德纳（Gardner）的多元智能理论为学生的全面发展提供了一个很好的理论分析视角，其特点包括：其一，差异性。尽管每个人都存有几种智能，但在不同的领域，个别智能的发展是不同的，不同的个体对智能的结构与潜能的开发都各不相同，因此这世界上没有两个人是完完全全相同的。即使在同一种智能上都显得特殊，但表现上还是有其差异性。例如，同样在语文智能上表现优异的两位学生 A 和 B，很可能是 A 在演说方面有过人的表现，B 则在写作方面展现其表达能力，但在演说方面不一定精于表达。尽管表现不一，但 A 和 B 都有着较强的语文智能。其二，多元性。多元智能理论不仅认为人的智能是多元的，它同时认定这些智能单元相对独立，且每个人都拥有几种智能。事实上，在日常的生活中，这几种智能是以不同且复杂的形式共存着，任何人在完成一件事时，都需要多种智能共同作用。其三，社会文化性。多元智能认为个体的智能会因个体所属文化、社会环境背景的不同而有所差异，如在以海为家、为谋生诉求的区域，人们多具备水手的特质——敏锐的观察力、空间定位能力、优秀的身体运动协调能力等智能的象征。其四，实践性。加德纳将智能定位为解决问题的能力和创造社会需要的有效产品的能力。强调每个人不同程度地拥有一系列在现实生活中解决问题的能力和创造产品的能力，突出智能的实践性。

以多元智能理论为理论基础的多元化教学评价的要求就是对学生进行综合性评价，以激发学生的多元潜能，促进学生的全面性发展。

（2）促进学生的自我成长

有这么一则小故事：一个年轻人，觉得自己怀才不遇，有位老人听了他的遭遇，随即把一粒沙子扔在沙滩上，说："请把它找回来。""这怎么可能？"年轻人说道，接着老人又把一颗珍珠扔到沙滩上，接着老人问："那现在呢？"

每位学生都可能只是沙滩中的一粒沙，而不能苛求他人的注意和认可；同时，每个学生也都是珍珠，都能展现出自我的光芒，这就得看教师如何引导他们自我成长和自我实现。

每个学生都具有其独特性，其中包含了他们个别的优缺点，重要的是教师要使用什么方法让学生知道和明确自己的优缺点，然后扬其优，补其弱。大多数学生在没有师长的指引下，是很难真正了解和面对自己的不足的，若再要求他们在自己不足的部分实现自我成长更是难上加难。很多时候，为人师者不以为意的小细节，可能就是学生最在意的，如学生在课堂自愿地朗读课文，这种在上课期间习以为常的过程，对教师而言或许算不了什么，但对于朗读的学生，这可能是他的第一次，也可能是他认为自己表现得最满意的一次。在学生朗读完毕后，教师若能给予肯定和正面的评价，则学生的自信会因此而长进，对于学生的自我成长，无疑是一次正向的鼓励。

学生的潜力是无穷的，潜力能不能得以发掘，进而加以发挥，这都与教师的评价息息相关。学生在很多时候是对自我认识不清的，虽然他们会认为自己很了解自己或是不自觉地形成自卑的心理。这时，教师就得发挥灯塔的作用，指引学生看到自己的优点、发挥所长、建立自信，帮助他们寻找到属于自己的舞台，并得以在属于他们自己的舞台上展示自己的才华。教师在进行多元化教学评价过程中，要协助学生找出问题的根源，然后对症下药，并协助学生发现自己多方面的潜能，加以肯定和鼓励。

教师若发现学生因为成绩不好而导致自我形象不佳，那么教师就得设身处地地为学生着想，思考如何才能增进学生的学习成效，如何站在他的立场，分享其他可能有相同或类似处境的学生的改变、调整和成功的经验，进而协助学生走出被评价结果所挟制的学习境况，引导学生调整自己的学习步伐，重新出发。对某一个学生而言，其可能在语言表达及整合资料能力方面表现良好，但写作能力还有待加强。因此而导致该生对写作课缺乏成就感，进而影响了他对作文的学习。那么，教师可以做的就是在课堂上扬长补短，让学生有机会发表自己的见解，通过收集文学数据并加以整合，或以做报告的方式协助学生克服因为某个方面评价结果不如意而影响学习的情况。教师的正面肯定和鼓励，将使学生觉得教师的评价是真实可靠的，从而增进学习的欲望。

（3）促进学生的主体发展

“天生我材必有用”，每个学生都有上天赋予的能力，这些能力或显现或隐藏着，大部分能力潜藏在生命的深处，就好像璞玉等待有心人去雕琢一样。教师要扮演好开采者的角色，想方设法地引导学生发现自身内在的特质，予以发挥，展现其绚烂多彩的一面；引领学生走出固有、一成不变的知识框架，激发他们的积极性和主动性，让他们成为学习的真正主人。

要促进学生学习或评价的主体性发展，要注意两个方面：一是要承认学生的主体性；二是要把学生培养成主体。承认学生的主体性，把学生当成主体，是从教育手段上把握主体这个概念，即要让学生成为学习的主人；把学生培养成主体，则是从教育目标上把握主体的概念，即把学生培养成建设国家的主体，快乐生活的主体，终身学习的主体。要达成以上的目标，一个很重要的策略就是扬长补短，不管是哪一类型的学生，都一定有他的长处，长处得到发挥，就能起到补短的作用，在每一次堂课或评价活动中，都可以起到促进学生的成长与发展的作用，关键在于身为引导者的教师要用灵活科学的处理方式来对待学生。承认学生的主体性，了解他们的长处及不足，教师除了要对学生给予适当的引导，还需要具有一颗宽容的心，在学生暂时达不到规定水平的情况下给予学生一定的时间去改进，要善于运用等待的艺术。在等待的过程时，要凸显和引导学生的主体性，让学生的长处得以发挥，增加他们的自信心，提升学习的欲望，进而朝目标努力前进。作为教师，先要明确学生主体性的彰显是一个渐进式的过程，不可能有立竿见影的效果。因此，教师要尽可能地将“学生是学习的主体”这个概念融入多元化教学评价当中，这样才能让学生身心获得全面和谐的发展。

（二）为赏识学生而评价

1.评价与赏识

在人的发展过程中，最本质的需求是得到尊重、认同、理解和赏识。就人的发展而言，除了生理发展，个人被尊重、被认同、被理解和被赏识这种心理需要也是非常重要的，因为这是人成长过程中一种推动成长和发展的力量。在评价时注入赏识的元素，同时掌握学生的优势，因势利导，让学生在学习方面的成长与动机，因为赏识而得以苏醒。因此，赏识之于评价应是一种生命教育的体现，是一种富有意义的评价价值取向。

“走近生命、发现潜能、唤起自信、善待差异、引导自选”是赏识的基本要素。“走近生命”要强调的是避免现有教育中分高低等级的现象，进而以人为本，赏识学生。当然，评价过程的赏识不是简单的学习成绩优良，而应包含了对学生被认可和欣赏需要的尊重、提升和满足；也包括对学生探究的需要、责任承担的需要、获得新体验的需要等多方面需要的尊重、提升和满足。

赏识学生而进行的评价应具备以下几个特质：一是表扬与批评兼具的评价。在评价过程中，要注意赏识重视学生在精神层面的基本需求，教师应实事求是，表扬与批评兼具，切勿为了表扬而表扬，或一竹竿打翻全船地进行批评。在进行批评时要达到“虽然犯了错，但知错能改，还是值得鼓励的好学生”的效果。二是承认差异与允许失败的评价。在学生学习的过程中，教师需要认识到学生是具有个体差异的，要承认学生的个体差异。若要营造有效的教与学的氛围，教师就得正视学生在学习中的失败，允许学生失败，引导学生面对失败，陪同学生走过失败。就这个意义而言，要让学生知道每个人都有差异，失败并不可怕，重点是要接受失败、面对失败，而后能再战胜失败，走向成功。三是可以培养学生承担能力的评价。赏识的评价是把主体地位还给学生的同时也给予学生一定的责任。意即在评价时得到尊重、理解，同时承载着对实际环境的现实责任，在得到赏识之时亦要学习面对和承担责任。但凡事情都有好与坏、成与败两个方面，不能只让学生沉浸于被赏识的情境里，同时还应在评价学生时借机培养学生在承担责任方面的能力。四是能激发潜能与满足内心需求的评价。赏识取向评价的重点是养成学生的自我认同感，激发学生内在的潜能，满足他们内心深处的原始需求。教师在进行教学评价时应具备激发学生和满足学生的思维，以期学生能从评价中得到更多的自我肯定和认同，摆脱自我否定的自卑思维，从而获得前进的动力。

2．赏识在评价中的应用

(1) 用赏识发现学生的亮点

每位学生都有自己不同于他人的亮点，能不能发现这些亮点是教师的职责，同时引导学生发现自身的亮点进而转化为实际的行为也是教师的使命。就教师而言，学生的亮点需要从多方面去发掘，让学生发现自身的亮点越多，其学习信心就会越强。因此，如何寻找学生身上的亮点就需要教师在多元评价内容上多费心思，具体而言，可以参考以下几个方面：①智力方面的评价。能否正确看待成绩、能否找出学习的不足并进行自我调整。②人际交往方面的评价。如何与他人（包括异性）沟通相处、如何对待理解与诚信、如何解决冲突。③自律方面的评价。能否遵守原则、法规和法律，如何做到有诚信，能否自尊、自爱、自励。④情绪管理方面的评价。如何克服浮躁、冷漠、孤独、嫉妒等情绪，如何看待牢骚、絮叨，能否体验快乐。⑤价值观方面的评价。能否认识自身的价值、是否有远大的理想、对成功和失败持何种态度、是否有挑战精神等。

在教师进行多元评价的过程中，还需要注意以下几点：①评价不能一成不变，要及时、善变。教师要及时地肯定学生的亮点，并留意肯定的方法是否合适。教师的评价方式不宜拘泥于固有形式，要因时因地而宜，最要紧的是抓住时机进行评价。②评价应有持续性。一时的评价只能起一时的作用，唯有持续的评价才能让教师无论是对自身的教学还是学生的能力有适时地掌握和了解；对学生而言，可以帮助学生时刻掌握自己的学习状况，并据此进行及时的加强或补救。③评价要循序渐进。对于学生的评价不宜一次性进行，应依据学生的实际情况，逐渐展开评价，再逐步地提升对学生的要求，这样才能更正面有效地帮助学生继续前进。

赏识学生是教学过程不可或缺的一环，在进行多元化教学评价时更不容忽视。通过赏识，教师可以发掘学生的许多亮点，增进本身的教学成效，同时学生也可从中获得肯定与激励。

(2) 用赏识促进学生学习

赏识是学生学习过程中不容忽视的一个重要因素，要学会赏识，就得学会尊重。学会尊重，教师要留意三个要点：首先让学生感受自己是被尊重的，其次要引导学生去尊重别人，最后要让学生能自尊自重。一个人唯有在懂得自己尊重自己时，才能真正去尊重他人。

教师和学生若了解了尊重的真正含义，就会懂得在教与学的过程中赏识彼此，营造和谐的学习氛围，当然也就激活了学生学习的热情，从而增进了学生学习的效能。在这种师生得以彼此赏识的氛围中，学生成为多元教学评价的一个主体也就不那么令人难以置信了，推崇自主性的多元评价能使学生更自觉地融入学习，无形中将提升学生学习的热情与兴趣，也让学生更加渴望成功，拥有追求进步的空间与机会。在教师方面，若能将对学生的评价融于教学过程中，不仅可以使教师更深入地了解自己的学生、尊重自己的学生，也能使教与学的过程更趋和谐统一，从而使教师能有更高的教学水平和教学责任心，学生也可感受到在学习过程中来自教师的尊重和关爱，提高学习的质量。如此一来，教师在付出中体会到学生的成长，学生则在教师的尊重中感受学习的快乐。

（三）为理解学生而评价

1. 评价与理解

有学者主张理解是对事理的内涵及变化知晓的历程。有的学者则认为理解是以理解理论为基础。理解的意义取决于不同的人对于理解有不同的解释，大致可分为几种含义：①既是智能活动也是德行。就智能活动而言，理解是对教学内容的思维、观察与记忆。理解是一种德行，因为它是一种理解他人，善解人意的态度。因此，教师在实施教学评价时对学生的理解就是一种职业责任与道德水平的表现。②包含认知与情感。就认知的层面，理解是对学习内容进行内化处理的环节，是掌握真实信息的过程。就情感的层面，理解是由现实、亲和与沟通三者所组成，是人与人之间有效交流的基础。③既有常规又有创造。常规理解是指学生在学习时没有创造动机地进行学习，只求对文本知识的原意掌握；创造理解则是在学生自觉地将自己的见解融入文本中，形成文本新意的理解。④既是工具又是目的。理解的本质就作为智能过程的理解和掌握知识的手段而言是一种工具；然而，理解亦是一种人的存在方式，人对理解的追求可视为对自身生命意义的追求。

综上所述，作者认为在评价中注入“理解”这一重要元素，有助于教师和学生更好地理解自己和他人，从而在教学评价中获得更好的发展。为理解学生而进行的评价应具备以下几项特质：①理解是评价的目的之一。把理解作为评价的目的之一，实现为理解而教、为理解而评的教学与评价的相互融合。②理解可促进共同发展。理解在评价过程中可使师生相互理解，亦可促使教师或学生的自我理解，进而促进师生之间的共同发展。③理解可促进全面发展。以理解为其价值取向的评价，可培养学生善解人意的德行，使学生在为人处世与学习评价上双管齐下，促进学生更全面地发展。④理解是认知情感并重。在整个评价过程应是认知与情感相互贯穿，使评价过程中学生不被以往传统评价框于认知层面，而在情感层面的质量得到提高。

2. 理解在评价中的应用

(1) 增进师生沟通，解决疑难

多元是新形势下教育不可或缺的重要元素之一，评价也应跳出以往传统思维的框架，融入多元的新思维。其实评价的成果取决于教师的主导作用和学生的主体特性能否得以正常发挥。因此，评价不应只是教师的个人演绎，或单向地评断学生的学习成果。在实施多元化教学评价的过程中，师生沟通是一个不可忽视的环节，良好的师生互动是取得良好学习成果的前提。教师若能在学生学习出现不良状况时，施以援手而不是给予批评，了解学生的实际情况，理解他们、尊重他们，最终必能引导他们修正或提升不足之处，达成学习目标。

第一，给予关怀。对于学习困难的学生，要先给予适度的关怀，耐心地探索他们的内在需求，进而才能施以恰当的指引，引领他们走出学习的迷宫，找到一种合适的学习方法。师生之间可以建立有商有量的沟通渠道，商量可以增进彼此的情感，减少冲突的发生。教师的关怀能帮助学生找到走出自身困惑的出口，找到解决学习困难的方法。

第二，设身处地。自尊心强是青少年的共同心理现象，若在沟通过程中对此未加以理会，没能设身处地地探究他们的问题，则沟通效果不佳。教师应该帮助学生找到行之有效的解决之道，尝试站在学生的立场，引导他们学会自我思考和自我定位，这样才会产生良好的效果。

第三，双向平等。师生沟通的立场应是双向且平等的，若教师仍以高高在上的说教者姿态出现是不会受到学生的尊重和喜爱的。有良好沟通能力的教师会营造平等和双向的氛围，如此才能较深入地探视学生的真正思想，走进他们的内心世界，了解他们真实的需要。

第四，真诚倾听。青少年渴望与朋友和他人交流，更多的时候他们需要一位可以倾听他们种种疑惑和困扰的倾听者。在学习上，他们不需要教师的指令，不需要教师的说教，但需要教师认真地倾听他们的心声。真诚地对待学生、倾听他们的需要，是教师与学生建立真实沟通的师生关系，协助学生走出故步自封的误区，提升教学质量的关键。

借助师生沟通，走进学生的内心世界，协助学生解决他们学习上的疑难杂症；用沟通打开彼此的心，理解学生，让学生的学习沐浴在教师理解和鼓励的阳光下，学生的学习效果就一定能够得到提升。

（2）融入学生当中，全面引导

要从理解的视角出发，融入学生，对学生进行全面的引导，要先得明晰理解教育的内涵，理解教育就是消除误解、增进理解，使教师和学生更好地理解自己和他人，从而获得较好的发展。理解教育最主要的特点有：①师生相互理解共同发展。理解存在于师生间，而且师生之间的误解是影响学生较好发展的根本原因之一。因此，师生相互理解在理解教育中具有极其重要的地位。②以培养学生善解人意的素质为基础，促进学生整体素质的发展，突出“德行”使学生在做人与为学上齐头并进。③将认知与情感贯穿全部教育过程，使教育过程中学生的情感生活质量得以提高。④把理解作为教育目的之一，使通过理解而教和为理解而教融为一体。⑤成批转化因误解造成的后进生，形成“后进生大步前进，优秀生更优”的格局。

综观以上的论述，要将理解教育落实于多元化教学评价中，教师要尝试走近学生，融入学生当中，做学生喜爱的老师，建立互信互爱的师生关系，多了解时下青少年的真实需求，据此才能给予学生更全面的引导。以下四个方面可为教师提供参考。

第一，了解兴趣。一切有效的评价也必须以学生感兴趣的内容为先决条件。教师应融入学生中，掌握学生的兴趣，然后将这些兴趣融入多元化的教学或评价中，激发学生对学习的好奇心，让学生产生探究学习的心理，增强学习的自主性和积极性。

第二，激励肯定。人是需要获得他人的尊重和信任的，尤其是在学生遇到挫折时，更需要教师和同学的理解和尊重。教师应以激励和肯定的方式启发学生的正面思维，从他们的角度出发，关爱与尊重他们，让学生知道：“你会成功的！”这样，学生就能很快地摆脱低落的情绪，自我调整，重拾自信，重新出发。

第三，创造机会。学生需要有效的评价机制，但他们更渴望能在学习过程中有愉快而成功的表现机会。教师宜通过多样化的教学活动和多元化的评价来创造丰富多彩的机会，让学生提升认知、提高兴趣、开阔视野，在不同层面上得到心理上的满足，提高他们学习的热情，增强他们参与的能力，让他们在学习上化被动为主动。

第四，授予方法。“授人以鱼，不如授人以渔。”在授予学生知识的同时，教师应思考教授学生学习的方法，让他们从不同的方法中，找寻适合自己的方式，逐渐领会自学的方法，培养主动学习的能力。

唯有教师融入学生、了解学生的真实需要、进行有效的全面引导，学生在评价上才能有方向、有目标地前进，教师也才能在学生的成长中看到评价的正面效果。

(3) 掌握内涵，客观评价学生

如何在多元化教学评价中体现对学生的理解？以下四个方面可供参考。

第一，确认学生需要获取的必要技能、知识和成果。教师可以提出学生应该知道的核心观念和中心思想是什么的疑问。这个问题的提出不是否定原有的课文知识和内容，而是要追求更深层次的教学。例如，在教学里，要强调的是个人的认知与价值。只要教师确认必要的概念后，就可以着手规划评价方案。

第二，偶尔让学生决定自己的学习内容。若要学生达到终身学习的效果，在中学阶段就可以通过“学习计划”和“学生对个人学习目标的确定与追求”来达成。自我主动地学习经验，可深化学生对知识的理解，也可使学生成为自发的学习者、思考者和创作者。

第三，扬弃简答等评价方式，指引学生在学习过程中运用高层次的思考技巧。学生理当能够类推他们所学习的知识内容，能通过举例把资料内容和个人的经验加以联结，并能将他们的知识应用在新的情境脉络中。学生在课后要学习思考人生的问题，不应虚度光阴，要力求上进，并且将这些问题和想法应用在类似的课题上。

第四，多元化教学评价应自然地融入所有的学习活动。评价可从学生进行自我评价、学生互评以及教师评价学生等多重角度来切入。此外，在每堂课结束后，也让学生给予教师一些回馈，将有助于教学成效的提升及增强教师对学生学习情况的了解，达成师生间的“理解”。理解学生不仅是一项评价的要素，还应该是一种实践活动，理解学生最终应该见诸实践的评价行为，在评价中体现出的理解才是真正的理解。理解是评价的基础，评价则是是否真正理解学生的体现。

二、教师教学有效性视角下的评价体系

（一）教学有效性的界定和内涵

教学有效性作为现代教育观，偏重于专业教学的结果，即效率、效益和效果。教学是教师的教和学生的学的交互过程，因此教学有效性也可以分解到这两个层

面，只有提升教的有效性才能够保证学的有效性，反过来也能够通过学的有效性来检验教的有效性，两者相辅相成、相互影响。只有教师的教和学生的学有效互动，才能够实现教学有效性，一是要关注教学行为的意义，学生有无收获；二是要关注教学内容被学生接受和理解的程度，有没有使之全身心投入学习；三是要关注教学资源利用率，有没有让学生最大化地提升自身的知识和能力。由此观之，外语教学有效性就是实现最高效的教学，以最少的时间和精力创造最大的教学效果。对于任何专业教学包括外语教学在内，教学有效性都是极为关键的、关乎其存在价值的，同时也是教学质量评价的一个不可忽视的指标。在评价体系中纳入教学有效性指标，方能保证其合理性。

（二）大学教师教学有效性评价

1. 关于大学教学有效性的观念和内涵研究

关于大学教学有效性的观念和内涵，诸多学者从多个角度出发进行了深入探析，得到了不同的结论。裴森森、杨军在《不同教育观念下的大学教学有效性研究》一文中，站在教育客体论和教育主体论的角度进行研究，提出人的成长不是无条件地完全接受现有世界，接受教师灌输的所有知识。在客体论基础上的教学尽管能够较快地在短时间内获得看似良好的效果，但是无法培养学生的创新思维、探索与创造能力，以及自主学习、研究性学习的能力，同时无法有效促进学生的自由发展，反而会造成阻碍。鲁武霞、邹成效在《高校有效教学的内涵特性及模型建构》一文中提出，从目标的角度出发，有效教学是一种教学相长的文化和实践活动，离不开教师的教和学生的学；从过程的角度出发，有效教学是在策略选择基础上的跨学科生成活动，必须在跨学科视野的基础上预设教学情境、生成教学效果；有效教学是师生双向互动的文化生成活动，而非教师单向的知识传播、灌输的过程；高校不仅有责任帮助学生的智慧成长，还有责任推动教师的专业发展，为有效教学提供教学方法策略与学习方法策略的支持；为保证有效教学，教师与学生都应当认知与理解教学目标，在教学过程中及时了解教学目标的实现程度。

2. 关于有效教学本质的讨论

徐州工程学院教育科学学院教授张典兵在《高校有效教学的本质内涵与实践路向》中提道，有效教学不仅仅是一个“技术”层面的操作性问题，更是一个“价值”层面的支配性问题[①]。实质上而言，有效教学必须关注并且体现自身的价值追

① 张典兵. 高校有效教学的本质内涵与实践路向[J]. 继续教育研究，2014（6）：138-140.

求，基于学生成长活动来观察和评测教学功能的发挥，以整体观看待学生成长活动，将价值追求放在最优、恰到好处，而非最大、越多越好的层面上。

3. 关于大学教师教学有效性的特征研究

有效教学研究专家姚利民在《论有效教学的特征》一文提出，学生学习的促进和激励因素有明确合理的目标、充足有效地教学准备、科学的过程组织、清晰恰当的讲解、饱满的教学热情，以及和谐的师生关系、时间的高效利用。王晓茜、郝世文在《大学教师有效教学：原则、特征和举措》中强调，大学教师教学有效性体现在教学技能、知识准备、个性特点、与学生的关系上。

（三）大学外语教学多元化评估体系建设

大学外语教学评估体系应包括两个部分，即课程评价体系与学生外语能力测试体系。课程评价体系关注的不仅是学生的学习成果，而且是课程的各个环节和方面。需采取多元化的评价方法，既要做好内部评价又要做好外部评价，既要重视形成性评价又要重视终结性评价，要抛弃以往相对落后的仅关注教学结果的、以终结性评价为主的评估体系，构建关注和促进教学发展的、以形成性评价为主的评估体系。学生外语能力测试体系也应当兼顾形成性测试与终结性测试，并且针对当下以期末考试为主的情况，应重点强化形成性测试，协调共同基础测试与校内测试、综合测试与单项测试、基础外语测试与专门用途外语测试等内容，从而做到学习过程与结果并重，以及终结性测试与形成性测试结合。因此，应当积极构建共同基础测试与其他多样化测试结合的学生能力测试体系。其中，共同基础测试应当交给专门的专业考试机构开发命题、组织实施，与大学外语考试目标衔接，与中国外语能力等级量表对接，由学生基于个人情况自愿、自主报考，以机考为主要形式，为此需积极构建大学外语试题库。

1. 建立多元化评估体系的必要性

以往的大学外语教学评估体系尤其是学生外语能力测试体系，侧重于终结性评价，对学生学习的过程性与发展性缺乏重视，忽视了形成性评价，影响了大学生的自由、全面、长远发展，因此，必须尽管构建多元化评估体系，其价值主要体现在：①健全和优化课程评价体系，推动课程教学各个环节和方面的不断改进，助力高校外语教学改革不断深化；②构建大学外语试题库，有助于形成科学、合理、人性化的学生外语能力测试系统。针对终结性测试的试题库，兼顾试卷设计、试题管理、考试分析三个方面，既有助于教师根据教学进度和内容合理地设计试卷，还可记录和分析考试结果，生成总结，将其与形成性测试结果结合，有助于充分发挥学生外语能力测试的效益，促进学校外语教学的改革和优化，从而全面提升大学外语教学质量。此外，多元化评估体系还有如下特点。

首先，实用性、整体性、进阶式、系统性。将教学评估深度嵌入课程建设，发挥测试的最大价值，一方面检测和掌握学生的学习成果和有效性，另一方面根据测试结果优化外语教学，调整教学任务，优化课程建设，调整课程大纲。

其次，针对性和科学性。学生外语能力测试的试题库应以教材内容为基础，有助于促进学生对教材的学习，提升其基础知识水平，题目形式包括主观题与客观题，有助于针对性地考查学生对某个知识的记忆、理解或综合运用能力，有效提升教学质量。此外，不断完善试题库有助于测试形式的改进以及效度和信度的提升。

再次，能力本位，以测试促进能力提升。学校的外语试题库与如英语四六级等外语水平考试衔接，选取其题型以及真题，有助于学生通过测试熟悉外语水平考试，积累考试经验，掌握应对方法。

最后，与时俱进，顺应大学外语教学改革趋势。大学外语教学多元化评估体系充分体现了教学改革的新理念，顺应了教学改革的新方向，有助于通过结果反馈，推动教学内容、方法与学生学习方式的革新，从而提升外语教学的有效性。

2. 大学外语多元化评估体系的构建策略

（1）制定明确的多元化评估标准

基于形成性评价与终结性评价结合的导向，对大学外语教学进行更加深入的分析，制定明确的多元化评估标准，完善大学外语评估体系，以便反映外语课程教学的各个环节与方面，以及学生的各方面外语能力，从而对外语课程教学目标与学生外语能力目标的实现程度做出客观合理科学的判断，生成准确有效的评估结果，反馈给教师和教学管理者，推动大学外语教学不断改进。

①提高形成性评价的比重。形成性评价与终结性评价相对，它关注的是教学的过程，是对学生在日常课堂中的表现、成绩和问题的全面检测与评价，主要形式有晨读、课堂表现、课前任务、外语技能大赛以及月考、单元测试。此外，形成性评价包括教师评价、学生自评与互评、师生合作评价以及质量部评价、教务部评价。

终结性评价的形式一般为期末考试，能够对学生的语言能力做出科学合理准确的检测，有效地反映外语教学效果，是大学外语评估中最常用的评价方式。

基于新课改的指导，为了促进学生的自由、全面发展，全面提升外语教学质量，应当提升形成性评价的比重，将形成性评价分数与终结性评价分数之比设置为6 ： 4。

②学生综合成绩评定的多元化。高校应当将外语竞赛与外语水平考试的成绩与学分系统挂钩，或者与免修机制结合，以激励学生积极参与。例如，大学外语水平考试达到某一分数标准，权威性外语竞赛得到有效名次，即可加学分，或者免修一学期的外语课程。这样有助于学生综合成绩评定多元化，不再以期末考试为单一的评定方式，从而创造出自由、轻松、活跃的外语学习氛围。

（2）科学建设试题库，加强评估体系的具体化

试题库需参照外语水平考试，将题型确定为听力理解、词汇、阅读理解、翻译和短文写作，基于教材内容涉及题目，展开来说应关注如下几点：①题目正确，语意清晰，表达简洁，与大学外语教学要求、目的相适应；②题目考察的知识面要全，覆盖整个教材，突出主次，多题型、多角度地考察重点知识；③题型与标准考试一致，与外语水平考试题型一致；④难易得当，难题与简单题各半；⑤题量适中，不可过多以致多数同学无法在规定时间内做完，不可过少以致无法全面考察学生的学习情况，应以中等水平学生能够在规定时间内完成为准；⑥有明确的标准答案，合理的评分标准，达到国家标准外语水平考试的标准。

构建以形成性评价为主的、促进课程发展和学生学习的多元化大学外语教学评估体系，应当做到如下几个方面。首先，应当关注和突出学生学习的过程，不将期末考试等终结性评价放置于决定性地位，弱化其决定性，将其与形成性评价结合，并且以形成性评价为重，从而将评估体系的重点从学生的学习成果转变为学生的学习进步。其次，在构建试题库前进行充分的调查和讨论，全面、深入地从不同年级、专业出发，分析外语教学的大纲、内容与目标，基于此开展命题工作，从而保障题目的全面性与层次性、针对性，提升试题库的信度和效度。再次，紧紧围绕着外语教学的大纲与内容开展试题库建设。题目考察的知识点要与教材的知识点吻合，不同知识点对应题目的数量和难易程度与教材重难点知识与基础知识的比例吻合，考察对象以对知识点的理解、运用为主，以对知识的背诵、记忆为次，从而全面检测学生学习情况，帮助其查漏补缺。然后试题库要分层，有难度区分，从而将不同年级、不同能力水平学生的学习情况全面、准确地反映出来。最后，应当拓展至网络平台，促进学生自主学习。大学外语多元化评估体系不仅要涉及课堂教学和线下考试，还要拓展至网络学习平台的在线学习，结合学生在线学习的时长、在线答题等情况形成评价，监督和促进学生的在线自主学习。

三、学生学习有效性视角下的评价体系

（一）学习有效性评价的内涵

所谓“有效”，《现代汉语词典（第7版）》的释义为“能实现预期目的；有效果”，也就是人的主观需要得到了满足、愿望有所实现。有效学习就是经过学习有所进步、有所发展，以完成学习后有没有进步、有没有发展为标准判断学习有效或无效。这种进步和发展集中体现在学习成果、考试成绩上。

有效性可以简单地理解为实践活动结果对目标的实现程度。学习有效性，即学生按照学习规律，在最短的时间内付出少的精力和物质资源达成预期的目标，获得最佳的学习效果，尽可能地满足自己的学习需求以及社会对个人的要求。评价学生学习有效性不能只凭借一张试卷，而需耗费一定的时间，是一个持续的过程，作业的打分或者试卷的成绩能够将学生对知识点的掌握转化为客观的数字，但是学生通过学习取得的进步和发展并不仅限于知识点的积累和掌握，还体现在能力方面、学习情感方面、学习满意度等方面，而这些都是难以量化的。因此，学生学习有效性评价也应当兼顾学习结果与学习过程，将终结性评价与形成性评价有机结合。

（二）学习有效性评价体系构建

充分调查和分析当下高校常用的大学生外语学习评价体系，立足于学习有效性评价的内涵，以学习目标、交互行为、学习衍生品、学习满意度为一级指标，构建大学生外语学习有效性评价体系。

1. 学习目标

学习目标是学生学习的出发点，贯穿于学生学习的整个过程，也是学生学习结束时的落脚点，是学生学习期望的表现形式，也是学生学习动力的一种来源。学生在学习过程中，会以学习目标为导向，不断努力，以实现目标。学习目标实现与否、实现程度的判断标准为学生的身心变化，若学生在阶段性学习完成后，掌握了预期的知识点与技能，考试及格，就是实现了学习目标。

大学生外语学习目标包含多个维度，除了考试成绩反映的知识维度，还包括技能维度、情感与态度维度，主要通过学习结果来体现。学习目标的实现与有效学习的内涵，即学习后在知识、技能、情感态度上有所进步和发展相契合。如今，大学外语教学主要以考试的方式来检测和评价学生的学习，但是学生在外语学习中不仅积累、掌握了外语语言知识和语言技能，还形成了语言综合运用的能力，

掌握了语言学习的方法和策略，形成了良好的学习习惯与学习品质。因此，在学生学习有效性评价体系的一级指标“学习目标”之下应分化为三个二级指标：知识与技能、过程与方法、情感与态度。

2．交互行为

信息时代，学生的外语学习不是闭门造车，而是在多样化的交互过程中完成知识构建，因此，学生外语学习有效性评价要关注交互行为，这也是过程性评价的重要内容。目前，大学生的外语学习已经从线下实体空间拓展到了网上虚拟空间，不仅有面对面的交互，还有隔着网线的交互，交互行为多种多样，分类方式也多种多样，主要的分类方式有四种：①个人空间的交互、群体空间的交互、公共空间的交互；②异步交互与同步交互；③学习性交互与非学习性交互；④人际交互与人机交互，即学生与学习同伴或者指导者的交互，学生与学习内容或者网络平台的交互。上述交互行为并非都指向有效学习，学生外语学习有效性评价关注的交互行为是实体空间与虚拟空间中的、同步或异步的、学习性的、学生与学习同伴或指导者的人际交互行为。

一般来说，关于交互行为的研究往往采取社会网络分析法，以交互结构或内容为对象；而本书为大学外语教学主体的著作，研究的是学生有效学习相关的交互行为，既要分析各种交互行为，又要兼顾各种交互工具，进而重点关注交互频率和深度。学生在外语学习过程中，有效学习相关的交互行为的频率越高、深度越深，才能更加高效地完成知识构建，学习的有效性也才越高。因此，在一级指标“交互行为”下设置两个二级指标：频率和深度。

3．学习衍生品

要理解学习衍生品的含义，先要知道什么是衍生品，它指的是从原生事物中派生而来的事物。根据《中华人民共和国著作权法》，衍生品指的是在已存在的作品基础上，进行改编、再创作生成的作品。如由小说或民间故事改编成的新小说、影视剧、游戏、动画作品等，基于小说人物创造的画作、雕塑、玩偶等，翻译、录音也属于衍生品。也就是说，艺术衍生品是在原作基础上再生产、再创作的产品。由此观之，学习衍生品可以理解为学生在将陌生的、未掌握的知识内化、融入自己的知识体系的过程中产生的，能够反映学习效果的学习成果，既可以是物化形态，也可以是抽象形态；后者无法考量，需转化为物化形态才能够考量，所以在对学习衍生品进行评价时需先将抽象的学习成果以合适的方式转化为物化的学习成果。学生在外语学习过程中生成的物化的学习衍生品一般为笔记、论文等文本信息，还有视频、音频、幻灯片等多媒体产品。因此，在学生学习有效性评价体系的一级指标“学习衍生品”下需设置两个二级指标：文本和多媒体产品。

4. 学习满意度

学习满意度是对自己的学习过程和学习结果的一种感受或态度，是关于是否继续学习的一种倾向性，不管学生的学习积极性如何、考试分数如何，都会生成学习满意度，因此，可以将学习满意度作为一级指标，评价学生学习的有效性。学习满意度是将营销领域的顾客满意理论引入教育研究领域的产物，顾客满意理论提出顾客满意属于一种发生在购买前、中、后的过程中，有特定指向的，程度各异的情感反应。在教育领域的学习满意度属于一种愿望得以实现、需求得以满足的感受、态度，或是愿望实现后、需求满足后的感受、态度。学生外语学习满意度既要考虑线下学习又要考虑线上学习，可以分解为五个二级指标：学习整体满意度、教师指导满意度、学习资源满意度、在线学习平台满意度、学习投入满意度。

综合上述分析，学生学习有效性评价体系包含四个一级指标和十二个二级指标，一级指标“学习目标”下包含“知识与技能”“过程与方法”“情感与态度”三个二级指标，一级指标“交互行为”下包含“频率”和“深度”两个二级指标，一级指标“学习衍生品”下包含“文本”和“多媒体作品”两个二级指标，一级指标“学习满意度”下包含“学习整体满意度”“教师指导满意度”“学习资源满意度”“在线学习平台满意度”“学习投入满意度”五个二级指标。

（三）形成性评价体系的构建

1. 形成性评价的内涵

形成性评价的提出者为美国教育家斯克里文（Scriven），他在著作《评价方法论》中对这一概念进行了阐述，将之界定为教学过程中进行的全面、多样、动态的评价。其他学者也对这一概念进行过分析阐述，普遍认为形成性评价强调和关注过程，以及学生综合素质的发展。例如，教育家布鲁姆（Bloom）认为，形成评价是为了检测学生的学习情况，明确其掌握和未掌握的内容，而非给学生打分，是为了查漏补缺，调整后续教学安排，重点帮助学生学习和掌握未掌握或不熟练的知识和技能。

2. 形成性评价体系的特点

首先，关注学习过程，而非学习结果。形成性评价是对学生在学习过程中的表现与知识、技能掌握情况的评价，是对仅关注学习结果的终结性评价的补充。其目的在于开发学生学习潜力，及时掌握学生的不足之处或者错误之处，引导其改正学习的习惯、态度和方法，发现教学中的问题，从而帮助学生更好地进行后续学习。此外，其主张不能过分关注学生的考试成绩，应呼吁教师关注和参与学生学习过程，引导、鼓励和监督学生的学习，及时为学生的学习提供必要的支持。

其次，关注学生情感。形成性评价关注和尊重每个学生的差异，基于此量身定制针对性的学习方案，引导和鼓励学生扬长避短、取长补短；倡导民主教学，既采取教师评价方式，又采取学生自评方式，重视师生的双向互动，共同学习。

最后，形式多样。其包括了多种形式，如作业评价形式、课上学习表现评价形式，课外活动评价形式、问卷调查形式、学习交流会形式、日常测试形式、一对一沟通形式、学生自我评价形式、教师评价学生形式、学生内部互评形式、教师自我反思形式等。

3. 大学外语形成性评价方式

大学外语形成性评价需以多样化的方式和角度来开展，以全面、客观地反映学生外语学习的各个方面，从而促进学生改进学习计划、方法和态度，促进教师调整教学安排，推动学生外语能力的全面发展。在大学外语的形成性评价中，教师应当积极认真地对学生进行评价，尤其要关注学生日常学习表现．同时结合学生的学习进度和知识掌握情况，调整教学的进度、内容、方式，合理设置学生的阶段性学习目标，引导其构建积极的学习观。此外，还应当灵活借助学生自评与互评，使学生深化自我认知，鼓励学生积极自主学习，并且提升评价质量与效率。例如，在安排外语写作任务之后，组织学生互评，提前设置和公布评价标准，明确并清晰讲解优秀、良好、及格和不及格四个等级，公布标准范文作为评价参考，先让学生对自己的作文进行评价，明确自身作文写得好与不好的地方，再前后或左右交换互评，对作文逻辑、用词准确性、句法高级性等进行评价并给出评语和评级，从而使学生更深刻地认识到自己的进步与不足，发展自主学习与反思能力，促进学生的外语学习。

在大学外语评价中采取形成性评价有助于通过关注学生学习过程，发现学生的进步与不足，突出学生主体性，有效调动学生学习积极性。因而，大学外语教师应当重视和灵活应用形成性评价，转变以终结性评价为主的传统评价模式，重视学生的学习过程，灵活应用多样化的评价方式与评价结果反馈，及时根据学生的学习情况调整与优化后续教学安排，改进各个教学要素，帮助学生提升外语能力水平。

（四）多元智能理论视角下的大学外语教学评价体系的构建

多元智能理论认为人的智力及其组合方式是多元的，那么人的智力的发展也是多元的。因此，对学生学习的有效性进行评价的大学外语教学评价体系也应当是多元的。构建多元化大学外语教学评价体系需关注评价方式、手段、目标内容与主体等方面的多元化。

1. 构建多元化的评价方式

以往，期末考试这样的终结性评价方式是主要的，甚至在实质意义上是唯一的外语教学评价方式，但是这种方式过于片面，仅凭借一次考试成绩就对所有学生一个学期的学习成果下定论，没有尊重和重视学生的差异性，没有认识到学生是动态发展的人，也难以为教师教学计划的优化提供有效的信息反馈和支持，难以充分有效促进外语教学的改进和发展。语言学习是一个长期性的过程，学生都在各自不同的学习起点上向前发展，存在不同的长处和不足，教师应当以过程性评价、形成性评价为主，结合终结性评价，对学生进行全面、动态的评价。大学外语教学评价要以人为本，在认识和尊重学生的差异性和发展多样性的基础上，发挥动态性评价、过程性评价方式的作用。因此，大学外语教学评价应当构建多元化的评价方式，既要通过形成性评价，对学生的学习过程进行合理评价，掌握学生的学习情况，科学适当地调整后续教学目标与计划，优化教学效果；又要通过终结性评价，对学生阶段性学习完成后的语言知识、技能水平与综合语言能力进行合理评价。

2. 构建多元化的评价手段

评价手段是评价体系的有机组成部分，直接影响着评价结果的可信性和有效性。在以往的外语教学中，常用的评价手段就是考试，即使是教学改革不断深入的现在，这也是主要的评价手段之一，但是其针对的仅是学习结果，无法顾及学生的学习过程，难以支撑起多元化的评价体系，因此需构建多元化的评价手段，既要延续以往的笔试、听试、口试等考试手段，也要结合语言学习的特殊性添加新颖特色的评价手段，如学习档案、问卷、学习日志、外语会演等，对学生外语学习的过程进行合理、全面、客观的评价。这样一方面能够调动学生的学习热情和积极性，另一方面又能提升评价的全面性、客观性，以及可信性、有效性。

3. 构建多元化的评价目标和内容

评价目标对于评价工作有着导向作用，而评价内容直接关系着评价工作的全面性，两者都是评价体系的重要元素。传统的考试手段所能评价的内容相对单一，只有语言知识和技能，但这只是大学外语教学目标中的一部分而非全部，其中还有很多目标的实现程度是难以通过考试的手段量化的，如人文素养、学习态度、跨文化交际能力等。根据多元智能理论，大学外语评价的内容应当是多元的，是尊重学生差异性的，需兼顾学生在智力、专业、地域上的差异。因此，多元化的评价目标和内容应当涵盖语言知识与技能、学习态度与能力、创新能力与精神、自主学习能力、团队合作意识等方面。这样既有助于培养学生的专业能力和职业能力，又有助于培养他们的综合素质与创新能力，促进学生的全面发展与个性发展，帮助其更好地实现自我价值和社会价值。

4．构建多元化的评价主体

以往的外语教学以教师为主，教学评价同样如此，仅由教师做出评价，从单一视角出发的评价无法保证评价工作的全面性和客观性。根据多元智能理论，我们需构建多元化的教学评价主体，其中不仅要包括教师，还要包括学生、专家等。以教师为主体的评价能够对全班学生的语言知识和技能水平形成基本的了解，找出普遍的教学难点和问题，从而有效地调整后期教学。以学生为主体的自我评价有助于学生更加了解自身的学习情况，从而自觉地查漏补缺，为自己制订有针对性的学习计划，获得更好的学习效果。以学生为主体的相互评价以及以专家为主体的评价能够拓宽评价的视野，从外部看待和评价学生学习的过程与结果，从而形成客观和公正的评价，促进学生提升交际能力。总而言之，构建多元化的评价主体有助于拓展评价的维度，提升评价的客观性和公正性，有助于师生双方自觉反思并优化自己的教或学，从而有效改进外语教学，提升教学效果。

教学评价既是上一周期教学的重点，也是下一周期教学的起点，能够提供有效反馈，从而改进教学，使外语教学沿螺旋上升轨迹不断发展和提高。多元智能理论深刻揭示了人类智力的奥秘，也启示和指导我们在大学外语教学评价中，认同和尊重学生差异，革新传统评价体系，构建多元化评价体系，以此全面改进教学，充分发挥和发展学生的多元智能。

大学外语教育工作者应当充分认识到，考试是教学评价的重要手段，而非唯一手段，能否有效地以评促教，关键在于教学评价体系是否多元化。只有构建多元化的教学评价体系，才能够做出全面、准确、客观、可靠、科学的评价，从而跟踪学生语言能力、自主学习能力、跨文化能力的培养过程，检测学生各方面的学习效果，提供有效反馈；才能将学生的个人发展需求和社会发展需求相结合，有效培养其专业能力、职业能力、综合素养、创新能力，使之成为内外兼修的优秀外语人才，并且完善大学外语人才培养的模式，培养更多社会需要的有用之才。

第五章　生态环境视角下的大学外语教学探索

本章为生态环境视角下的大学外语教学探索，主要介绍了三个方面的内容，分别是理论基础、生态视角下的大学外语教学环境、大学外语生态教学的环境优化。

第一节　理论基础

一、生态学理论

（一）生态学的定义

从字面意义上讲，生态学是关于居住环境的科学，即研究生物的聚居地或生境。1866 年，德国生物学家赫克尔（Heckel）提出，“生态学是研究动物与其无机环境和有机环境全部关系的科学”。[①] 由此观之，生态学侧重于相互关系、相互作用，也就是有机体之间的，以及有机体与非生物环境之间的相互作用。有机体之间的相互作用又可分为同种生物之间和异种生物之间的相互作用，或者叫作“种内相互作用”和“种间相互作用”。1885 年，《外貌总论》一书中也用了“生态学”一词，把生态学理解为研究有机体与环境间相互关系的科学。这一定义是十分广泛的，引起了不少学者的争议。此后，由于研究对象的不同，不同学者对生态学给出了不同的定义。

有生态学家认为生态学是研究有机体的分布与多度的科学。后来，有学者认为这个定义是静态的，忽视了相互关系，认为生态学是研究有机体分布与环境的相互作用的科学。

植物生态学的奠基人瓦尔明（Warming）认为当时生态学尚处于幼稚阶段，并提出“植物生态学的任务是研究影响植物生活的外在因素及其对植物结构、生

---

① 邱怀祝．试论“生态课堂”的教学意蕴 [J]．学子（教育新理念），2014（1）：59．

命延续时间、分布和其他生物关系之影响”[①]，“地球上所出现植物群落的分类和鉴别，结合方式及决定因子，植物群落间的斗争以及它们互相代替的可能性”。这里既包括个体，也包括群落。

20世纪50年代之后，进入生态系统的时期，生态学中已经不再区分动物界和植物界，并超出生物学的领域，研究范围越来越广泛。在一些新的生态学著作中，对生态学采用了新的定义。《生态学基础》把生态学定义为自然界的构造和功能的科学，并指出人类是自然界的一部分，自然界包括生物界。有学者认为生态学关注的是生物与其环境的相互关系，两者相互影响、紧密联系，因此生态学是对具有复杂功能的生物系统或生态系统的研究。还有很多学者认为生态学也研究各种生物间的相互关系。我国生态学会创始人、已故院士马世骏先生认为，“生态科学的发展，就是从简单物种的形态或行为描述，进而深入到生物系统与环境系统之间作用机理与协同演化过程的研究”。[②]生态学是研究生命系统与环境系统之间相互作用规律及其机理的科学。

关于生态学的定义，《牛津生态学词典》将之解释为研究生物之间、生物与其环境中的生物、非生物因素之间的相互关系的科学。

综上所述，生态学经历了长时间的发展，其内涵和外延的关系有了变化，所以生态学的定义不能局限于当初经典的含义。

整合学者的不同观点，以及生态学发展方向，本书将生态学界定为研究生物生存条件、生物及其群体与环境相互作用的过程及其相互规律的科学，其目的是指导人与生物圈（即自然、资源与环境）的协调发展。从这个定义可以看出生态学研究的是生物个体的生存环境、个体之间的关系以及与环境之间的相互关系，从而研究个体协调发展的规律。

（二）生态学的基本概念

如果想要了解生态学，必须了解生态学的基本概念。这里将对生态学中的生态因子、生态环境、群落、生态系统以及生态平衡进行简要阐述。

1. 生态因子

生态因子是指环境中对生物的生长、发育、生殖、行为和分布有着直接或间接影响的环境要素，如温度、湿度、食物、氧气、二氧化碳和其他相关生物等。

---

① 瓦尔明．植物生态学[M]．陈庆诚，陈泽霖，译．北京：科学出版社，1965．

② 马世骏．20世纪生态科学的过去、现在与未来[J]．生物科学信息，1990（4）：150—154．

它是生物生存所必需的环境条件，所以也叫作生物的生存条件，如二氧化碳和水是植物的生存条件，对于动物而言，食物、热量和氧气是其生存条件。

生态因子的分类方法有很多。根据其性质可分为五类：①气候因子，如温度、湿度、日光、降水、风、气压和雷电等；②土壤因子，包括土壤结构、土壤有机和无机成分的理化性质及土壤生物等；③地形因子，如地面的起伏、山脉的坡度和阴坡、阳坡等；④生物因子，包括生物之间的各种相互关系，如捕食、寄生、竞争和互惠共生等；⑤人为因子，把人为因子从生物因子中分离出来是为了强调人的作用的特殊性和重要性。从现在的地球状况我们可以看到，人类活动对自然界及其中生物的影响在不断增大，并且具有越发鲜明的全球性特征，即使是无人区的生物也不例外。

生态因子根据有没有生命可以分为两种：一种是生物因子，即同一物种内和不同物种间的相互关系；另一种是非生物因子，即气候、地形等。依据生态因子的稳定程度将其分为稳定因子和变动因子两大类。稳定因子是指实物、天敌和流行病等各种生物因子，变动因子包括温度、降水和天气变化等非生物因子。

根据生物适应性特征，生态因子分为原初周期性因子（光照、温度等），次生周期性因子（降水、大气湿度、生物量、种内关系等）与非周期性因子（土壤、种间关系）。还有人把生态因子分为直接因子与间接因子，前者对生物直接起作用，如光、水分、温度等，后者通过改变其他因子而间接影响生物，如海拔与地形。生态因子还可以分为密度制约因子和非密度制约因子。

生态因子作用有四大特点。①综合性。每一个生态因子都是在与其他因子的相互影响、相互制约中起作用的，任何一个因子的变化都会在不同程度上引起其他因子的变化。②非等价性。对生物起作用的诸多因子是非等价的，其中必有1～2个是起主要作用的主导因子。主导因子的改变常会引起许多其他生态因子发生明显变化或是生物的生长发育发生明显变化。③不可替代性和互补性。生态因子虽非等价，但都不可缺少，一个因子的缺失不能由另一个因子来替代。但某一因子的数量不足，有时可以靠另一个因子的加强而得到调剂和补偿。④限定性。生物在生长发育的不同阶段往往需要不同类型或不同强度的生态因子。因此，某一生态因子的有益作用常常只限于生物生长发育的某一特定阶段。

2．生态环境

环境是一个相对概念，是指与中心事物相对的，对其产生作用的一切物质和力量的总称。由于中心事物的不同，环境也会不同，两者相互对立和制约，又彼此依存和转化。简单地讲，与某一中心事物有关的周围事物即称该中心事物的环境。环境的种类有很多，如自然环境、宇宙环境、地理环境、土壤环境、大气环境等，还有我们非常熟悉的学习环境、工作环境、交通环境、商业环境、旅游环境等生态环境指生物有机体周围生存空间的生态条件总和，是环境的一种。生态环境由许多生态因子综合而成，对生物有机体起着影响和作用。

3. 群落

在地球上几乎每一个地方都有生物的存在，而且并不是只有一种生物存在，不同的生物是生活在一起的。动植物学家们注意到在自然界动植物的分布并不是随意杂乱的，而是有一定规律的，如牡蛎只出现在一定的盐度、温度、光照等条件下，而且总与一定组成的其他动物（鱼类、甲壳类、棘皮动物）生长在一起，形成比较稳定的有机整体。根据这些现象，学者们提出了群落的概念，他们根据各自的理解给群落下了不同的定义。综合各个定义，生物群落可定义为特定时间和空间中各种生物种群之间以及它们与环境之间通过相互作用而有机结合的具有一定结构和功能的复合体。在这个定义中首先强调时间的概念；其次强调相同的地区，因为随着时间和空间的变化，生物从组成到结构都会发生变化；最后还应注意物种在群落中的分布是有序的，这是群落中各种群之间以及种群与环境之间相互作用、相互制约而形成的。

4. 生态系统

系统这个概念的发展经历了很长的过程。系统最早出现在古希腊语中，在其漫长的发展中不同的学者都表达了不同的理解。我们可以把系统定义为系统是由若干个可以相互区别、相互联系而又相互作用的要素所组成，在一定的层次结构形式中分布，在给定的环境约束下，为达到整体的目的而存在的有机集合体。组成系统的各要素之间存在着相互作用、相互依存的有机联系。任何系统都有其特定的功能，这种功能是由系统内部各要素间的有机联系和它的结构所确定的、与各组成要素的功能不同的功能。

生态系统一词是英国植物生态学家在1936年先提出来的。生态系统是指一定空间区域内生物群落与非生物环境之间通过不断进行物质循环、能量流动和信息传递过程而形成的相互作用和相互依存的统一整体。地球上存在着各种各样的生物，也有包括森林、草原、荒漠、湿地、海洋、湖泊、河流等的外部环境，它们构成了相互作用、物质不断循环、能量不断流动的各种各样的生态系统。

地球上存在着无数大大小小的生态系统，无论是自然的还是人工的，它们都有以下的共同特征。

①生态系统是生态学上的一个主要结构和功能单位，属于生态学研究的最高

层次。生态学研究的四个层次由低到高依次为个体、种群、群落和生态系统。

②生态系统内部具有自我调节能力。

③能量流动、物质循环和信息传递是生态系统的三大功能。

④生态系统具有动态的生命特征。

5. 生态平衡

生态平衡是指在一定时间内，生态系统的结构和功能相对稳定，能量流动和物质循环在生产者、消费者、分解者与无生命物质之间长时期处于动态平衡的状态。广义的生态平衡是指生物圈的平衡关系，狭义的是指研究对象的各种具体生态因子的平衡。自然生态系统会在长时间的演变过程中不断发展和升级，从简单变得复杂，但发展至一定阶段后就会进入相对稳定状态，其中的物种数量和种类、能量的输入和输出保持相对稳定和几乎相等，也就是说其中的能量流动和物质循环长期平衡。在生态平衡的状态下，有机体填满一切有效空间，就能够将环境资源利用率提升至最高。以热带雨林为例，作为一个成熟、复杂的生态系统，具有显著的垂直分层现象和复杂的结构，其单位空间内有着很多物种，它们分别占据对自己有利的环境资源，协调共生，此系统具有很高的生产力。

生态系统具有一定的自我调节能力，会以此趋近于稳定状态或者平衡状态。生态系统的自我调节途径以反馈为主。系统中某一要素的变化必然会导致连锁反应，使其他要素随之变化，并且其他要素的变化也会反向对最开始发生变化的要素造成影响，使这一要素的变化进一步强化或者逐渐弱化，这就是反馈。反馈分为正反馈和负反馈，后者可以促使生态系统逐渐接近平衡状态或者稳定状态。此外，生态系统中包含着的反馈现象极为复杂，如生物与环境之间的反馈、生物之间的反馈、物种结构与功能之间的反馈。如在草原中，兔子的数量过多，狼就会由于食物充足而数量增加，而过量的狼又会捕捉大量的兔子，兔子数量随之减少，无法获取足够的食物后，狼的数量也就会减少。可见，作为被捕食者的兔子和作为捕食者的狼的数量增减互为因果，相互影响，使得草原中兔子和狼的数量能够保持大致平衡。上述情况仅考虑了狼兔之间的关系，实际上草原中还有其他的捕食者和被捕食者，也就是说，现实中生态系统的反馈机制和自我调节过程更为复杂。因此，若是生态系统没有被外界所严重干扰或破坏，通常能够以自我调节能力恢复到平衡与稳定状态。

生态平衡是一个动态的过程，生态系统总是在平衡—失衡—调节—平衡的过程中不断循环，就是在这种不断循环的动态平衡过程中，生态系统及其中的物种不断向前发展。因此，对于生态平衡，我们不能报以消极的态度，而应积极发挥作为人的主观能动性，通过多种方式，维护或者创造人类生存和发展所需要的生态平衡，实现人与生态系统的协调共生、共同发展。

但是，我们必须认识到，生态系统的自我调节能力有一定的限度，当其受到严重干扰或破坏、超出这种限度时，其原本具有的自我调节能力也会因之受损甚至消失。若是不及时从外部干预，就会导致生态系统失衡。因此，在对生态系统进行开发和改造时，一定要因势利导，遵循生态系统的规律，确定生态阈值，合理利用，才能使生态效益和经济效益达到最大的协调统一。

二、教育生态学

20世纪70年代中期，生态学原理与方法在教育学中渗透与应用，教育生态学开始蓬勃发展起来。

（一）教育生态学的定义

教育生态学研究起步于外国。1932年，美国学者沃勒（Waller）在《教育社会学》中首次提出了“课堂生态学”①，将生态学的概念引入教育之中。1966年，英国学者阿什比（Ashbee）提出了高等教育生态学的概念，开始运用生态学的原理和方法研究高等教育。1976年，美国学者劳伦斯·克雷明（Lawrence Cremin）在《公共教育》一书中正式提出了“教育生态学”②，并专门列出一章对教育生态学进行专门探讨，这对于这门跨学科的研究做出了重要贡献。

教育生态学就是将教育现象置于生态学原理之中去分析和解读，将教育系统视为生态系统，以生态平衡、协同进化等原理剖析教育实际中某一现象出现的原因，从而明确教育发展规律，找到其发展方向和趋势。简而言之，教育生态学是对教育及其所处生态环境之间相互作用的规律和机理进行研究的学科。

教育生态学作为交叉边缘学科，是教育学与生态学结合的产物，整合了两者的研究方法，研究教育与其所处的自然环境、社会环境、规范环境，以及人的生理环境与心理环境中的生态因子之间的相互关系；研究内容包括教育的生态结构、教育的生态功能、教育的生态原理、教育生态的规律、教育的行为生态、教育生态的演进、教育生态的检测与评估等，同时与其他教育学和生态学的分支学科有着紧密关系。

---

① 谈雅琴．例说构建数学生态课堂的几个原则[J]．数学通报，2012,51（5）　32-34．

② 克雷明．公共教育[M]．宇文利，译．北京：中国人民大学出版社，2016．

（二）教育生态学的基本原理

教育生态学是一门综合了生态学和教育学的交叉学科，所以生态学的一些原理不可避免地应用到了教育生态学中。吴鼎福、诸文蔚的著作《教育生态学》中总结了这一学科的基本原理和规律，得到了广泛应用和认同，这些基本原理揭示了教育的内部规律。这一部分就对这些基本原理进行简要的介绍。

1. 限制因子规律

教育生态学的限制因子规律源于生态学中的限制因子定律，为李比希（Liebig）于1840年的研究成果。他在植物研究过程中发展，限制谷类作物产量的往往不是其需求量大的营养元素，相反是其所需的微量元素，如硼（B）、镁（Mg）、铁（Fe）等。若是这些微量元素不足，谷类作物的产量就会很快下降，而适量补充后就会使产量显著提升。他由此提出了限制因子定律，即植物所需营养元素未达到其最小需求量时，就会限制植物成长，这一定律也叫作“李比希最小量定律”。但是，在一个较短的时间内，由于生态因子的数量与带来的影响并不稳定，而是充满变化，所以难以明确具体的限制因子为何，所以李比希最小量定律并不完善。之后很多学者进行了更进一步的研究，发展的限制因子定律。如泰勒（Taylor）将李比希最小量定律中的营养元素拓展至温度、时间等生态因子。奥登（Auden）于1954年提出限制因子应当是达到或超过生物耐受限度的因子。赖特（Wright）于1965年提出生态因子少于最小需求量，或超出最大承受度时，会产生限制作用。换言之，限制因子会限制有机体的生存。

这一定律引入教育生态学后，限制因子就不仅包括自然因素，还包括社会与精神因素。不管是大的教育生态系统抑或小的，不管是教育生态系统中的个体抑或群体，都会有限制因子限制、影响着它们。此外，尤为特殊的一点在于，在教育生态环境中，任何一个生态因子在一定情况下都可以转变为限制因子。根据限制因子定律，如果某种生态因子的量太少，低于临界线，会产生限制作用。但是，在教育生态学中，如果某种生态因子的量太大，超过了最大承受力时也会产生限制作用。学生要通过作业来巩固所学过的知识，如果作业量太小，就达不到巩固知识的效果，但是如果作业量太大，反而会起到反作用，也不能达到期望的效果。能量流与信息流是教育生态系统的主要限制因子。当能量流缺乏，未达到最低的需求量时，就会限制教育规模、数量与质量，影响整个教育生态系统的发展。

限制因子定律对于教育生态学来说具有重要的指导意义，教育的个体生态、群体生态和教育生态系统都会受到某一个或者某几个限制因子的影响。针对教育个体，我们应当关注并且及时发现其身上的限制因子，快速采取措施克制限制因子，这样方可实现身心健康高效发展，满足自身的发展需要。对于教育群体，我们也应当发现并克制其中的限制因子，以便保证教育生态群体内部的平衡性和群体性，集中和有效发挥集体力量，解决教育问题，创造积极健康的氛围，推动群体的教学活动更加顺利地开展。对于生态系统而言，避免限制因子负面影响，能够更好地促进其横向或纵向发展。

2.“花盆效应”

在生态学上，“花盆效应”也被称为局部生境效应。花盆是一个半人工半自然的小生态环境或者微栖所，不像室外的自然环境，花盆具有很大的空间局限性。如果人为地提供非常适宜植物生长的环境，以及合适的温度和湿度，在一定时期之内，植物就可以生长得很好。但是，由于是半人工的环境，其对生态因子的适应值在下降，生态幅变窄，生态位下降。一旦离开了人们提供的适宜的生存环境，这些植物就不能经得起温度和湿度的变化，更经不起风吹雨打，其生长就会出现问题，甚至会死亡。在教育生态学中，“花盆效应”非常明显。部分家长过度溺爱孩子，给孩子创造了非常好的生活环境。孩子一旦开始上学，很多时候就脱离了家长提供的“花盆”，面对外部“自然环境”带来的竞争和挫折可能就失去了信心，很难去适应，就会出现很多问题。同时，学生在教育系统这个“花盆”中进行了长时间的学习，很多人在离开校园走向社会时也表现出了不适应性，很难融入社会中，这也是“花盆效应”的后果。根据教育生态学的“花盆效应”，家长和教育工作者应该给学生提供适宜的生长环境和学校环境，同时应该尽可能多地给学生提供机会去接触外部环境，加强社会实践，参与社会活动，将学校教育和社会实践结合起来。

3.教育生态位原理

生态位概念的最早提出者为格林内尔（Grinnell)，他将其作为一种空间单位，用来表示某物种在环境中的地位，并提出动物区系中定居的两个物种不可能具有完全相同的生态位，强调了生态位的空间概念。艾尔通（Elton）则突出生态位的营养概念，关注物种间的营养关系，用生态位来说明生物在群落中的地位与作用。郝庆生认为这一概念指的是多维空间中的位置。他指的是多维（超体积）生态位，同时提出基础生态位和实际生态位。通过对上述三种生态位的综合，有学者认为在一个群落中，每个物种都有不同于其他物种的时间、空间位置，也包括在生物群落中的功能地位。一个物种所利用的各种资源的总和的幅度，称为生态位的宽度。当资源可利用性减少时，一般来说，生态位的宽度就增加。在资源少的情况下，容易造成生态位的泛化，在资源多的情况下，容易造成生态位的特化。例如，当某一动物的食物减少时，为了生存，其不得不去吃其他的食物，这时候它的生态位的宽度就增加了，从而造成了生态位的泛化；反之，当食物增加时，其只吃这一种就可以生存，所以生态位的宽度就减小了，从而造成了生态位的特化。

与生态位相关联的是竞争排斥原理，又称“高斯法则”。这一原理是指在一个稳定的环境内，两个以上受资源限制的但具有相同资源利用方式的物种，不能长期共存在一起，也就是说完全的竞争者不能共存，因为其生态位相同，竞争非常激烈。在竞争中就会出现生态位重叠和资源分享的问题。生态位重叠是指两个或两个以上生态位相似的物种生活于同一空间时分享或竞争共同资源的现象。当一种生物能够和其他生物共享资源，在生态系统中找到自己合适的生态位时，就能够和其他生物和平共处，达到和谐。在教育生态学中，生态位的主体不局限于种群，涉及教育的生态个体、教育生态群体和教育生态系统，均存在生态位的问题。

教育的生态个体之间存在生态位的问题是显而易见的。处于同一生态位的教育生态个体之间，由于所处的层次（年龄层次或教阶层次）相同，面临的问题相同，在学习生活中一直处在竞争的环境中。在一些关键时刻，竞争尤为激烈。例如，考试、学科竞赛、毕业、升学、体育竞技等关键时刻，每位同学都拼尽全力，力争上游，把自己的水平和潜力充分发挥出来，争取在竞争中获得好成绩。

在教育生态子系统内部的竞争都是在处于同一生态位的群体间发生的。处于不同生态位的群体由于面临的问题不同，隶属关系不同，经费渠道不同，具体功能不同，因而一般情况下不会发生竞争。处于统一生态位的各个生态群体之间，由于各自的问题、目标、功能的重叠，不可避免地存在着竞争。例如，一个学校相同年级的不同班级群体之间存在着方方面面的竞争包括学校成绩、卫生情况、思想品德等，甚至在某一方面各年级群体之间由于所处的广幅生态位（或窄幅生态位）相同，因而彼此之间也有竞争。例如，规定的体育竞赛项目（如青年组、少年组）就不是按年级，而是按龄级（发育阶段）来划分的。数理化竞赛、各种文艺、科技竞赛等也不是按照年级来划分的。

教育生态系统之间也存在着竞争。立足于社会大系统的宏观层面，教育生态系统的生态位或多或少都存在跨边际的情况，因而与其他系统之间也存在竞争。具体而言，教育生态系统与其他系统在能量流分配方面存在竞争。毫无疑问，教育具有社会服务功能，能够促进社会整体及其中各个系统的发展，但是教育生态系统与其他系统都需要能量，而整个社会一定时期内的能量流是一定的，要以合理的比例分配给各个系统，因此，教育生态系统与其他系统之间存在竞争。各个教育生态系统之间的竞争就更为明显了，从地域层面上，不同国家、不同省份、不同城市的教育系统之间会相互竞争，以占用和使用更多的物质流、能量流、信息流，以完成人才培养计划，并且会就培养出的人才进行比拼。从整个教育体系内部，普通教育生态系统、职业教育生态系统、成人教育生态系统之间也存在此类竞争。就微观层面，不同的高校之间、不同的普通中学之间、不同的职业中学之间等学校之间也是如此。

同一生态位下的竞争有其积极意义。其有助于促进个体的智力开发、能力提升与个性发展，能够激励个体不断自我教育、自我完善、自我发展。竞争是社会进步的推动力，能够激发个体的互动性和积极性以及提高效率，然而，“竞争”“排斥”有其消极影响。虽然在生物界出于某种本能，竞争是难以避免的，但是人和动物在本质上是不同的，人是有思想、有智慧、有理智的，能够自我调控、自我约束的。不能为了获得胜利不择手段，做出损害他人有害系统的行为。因此，在教育生态学中，应该把生态位所带来的竞争的积极性发挥出来，尽量避免竞争所带来的负面影响。

4. 教育生态链法则

在生态系统中存在着食物链和食物网。美国科学家林德曼（Lindeman）提出了“食物链”这一概念。有机物中储存着化学能，生态系统中的各个生物通过吃与被吃的链条密切联系成一张网络。这种经由吃与被吃关系联系形成的生物序列就是食物链。“大鱼吃小鱼，小鱼吃虾米”“螳螂捕蝉，黄雀在后”都是食物链形象的说明。

教育生态系统中的生物之间虽然没有吃与被吃的关系，但是也有着教育生态链，这种生态链是基于知识的富集关系也就是知识流的流动形成的，包含横向、纵向、纵横交叉的生态链三种。

知识流富集的过程不是一条简单的直线，而是从薄到厚，再从厚到薄；膨胀与收缩、扩展与概括相间的。知识流除了纵向富集的生态链，各个学科之间也是息息相关、互相包容、互相交叉的。

教育生态学的生态链和生态网比生物之间的还要复杂很多，对教育生态链和生态网进行研究能够为研究教学中信息流的流动和知识流的富集奠定基础，但是主要还是停留在定性的分析上，还没有能够做定量的分析。教育生态链随教育的不同阶段以及不同教学的不同特点而发生变化，需要结合更现代的技术进行定性和定量结合的分析。

5. 教育节律

在生物界存在着生物节律，也被称为生物钟，指的是生物体随时间做周期变化的包括生理、行为及形态结构等现象。在教育生态学中，实施教育的主体和受体都是人，而人是受各种生物节律所影响的，所以教育生态学中同样存在着教育节律。大部分学校尤其是中小学都会安排晨读，这与人的生理节律有关，一般来说，早晨人的大脑比较清醒，大脑活动状态好，通常说的“一日之计在于晨”就是这个道理。广播操的安排、体育课时间的安排等各个课程活动的安排都要遵循人体的节律，否则就会影响学生的学习以及生活。各种教学活动的安排也要符合教育节律，如每个学期都会有期中考试、期末考试，每门课程的学习都要有预习、听课、复习、作业的过程，从小学到初中到高中到大学的升学考试以及每年的寒假暑假的安排等都体现着教育节律。

因此，教育节律是客观存在的。教育者按照规律来安排各种教学活动、教学课程，符合学生的生物规律，才能调动学生的学习主动性、积极性，提高教学质量，促进学生的全面发展。如果不按照教学规律而任意随机安排教学课程和教学活动，必然会使学生的身心受到影响，导致教学失序、失调，使得学生无法合理地安排学习时间，阻碍教学质量提升，不利于学生发展。

6. 社会性群聚与阿里氏原则

俗话说“物以类聚，人以群分”，在自然界，基于生物学特性，大部分生物不是单独生活的，而是聚集在一起，称为“群聚”。

立足于教育生态系统，人的社会性群聚形成的群体主要包含四种类型：①正式群体，即按照一定的规章制度和程序组成的，得到承认的群体；是基于需要组织起来的，而非个体出于意愿自发形成的。正式群体是实施教育与教学的有序结构形式，如班级、年级、学习小组、锻炼小组、教研组（室）、年级组、学科梯队等。②半正式群体，以自愿为前提，根据一定程序组织成立的，既具有非正式群体的特点，又具有正式群体的特点，如旅游团、参观团、学校的一些社团、兴趣小组、系列讲座、科研自选课题组等。③非正式群体，由个体基于共同的爱好、一致的思想、友谊、相互好感、心理相容而自发形成的群体，没有明文规定、没有法定领导、没有明确的组织，反映了个人好恶与人际关系，如各种的QQ群、微信群等。④参照群体，也叫作“榜样群体”，具有优良品质、能力或者突出事迹的，在实践中产生，经由民主评选，为大众认可的群体，具有示范和激励作用。

阿利氏原则由生态学家阿利（Allee）提出因而得名，也叫作最适密度原则。生态系统环境内，随着生物种类变化和环境变化，种群的密度也会变化，当密度过大或过小都会产生限制性影响，因此，不同的生物有着各自的最适宜密度。教育生态系统环境也一样，不同的教育生态群体也有着最适宜的集群度，这主要由其性质、类型以及环境条件所共同决定。因此，教育生态群体应当尽可能保持最适宜的集群度，以免限制教育活动的开展和教育效果。

7. 群体动力

这指的是群体活动动向。分析和研究影响这一动向的影响因素，能够调节群体动力，促进群体成员的共同发展。群体是一个有机整体，不是简单成员个体的集合，群体的作用大于个体作用之和，深刻影响着个体。在群体中，成员处于不同的小环境会有不同的行为反应。例如，一个人独自学习及与他人一起学习，在心情上与效果上是不相同的。一般来说，后者的效果会比前者好。在群体中学习不仅有利于彼此沟通和切磋，还能形成一种互相影响、互相鼓励的学习小环境，一般能取得较好的效果。当然，在某些情况下，如果两个人水平差距过大，或其中一个人不想学习，那容易在心情上和效果上产生负影响。群体动力作用于群体成员，形成同侪依慕、合作、共生或共栖、竞争等关系。

8. 教育生态系统的整体效应

整体性是系统的本质属性，所有系统都具有整体性，失去了整体性，系统也就不存在了。系统的整体效应具体而言是指系统是一个有机整体，其内部的各个要素相互联系、相互影响和作用，具有系统之外的独立要素所没有的性质和功能，赋予了其所构成的系统新的性质和功能，使得系统的整体性质与功能不等于各个要素的性质和功能的简单加和。

教育生态系统是一个由若干不同层次的教学机构及其所处环境中的生态因子有机结合而构成的整体。其中的各个构成要素之间彼此联系、影响和作用，链接为一张复杂的网络，形成一个具有新功能和性质的统一整体。这些要素的参数和变量彼此制约和调节，形成了整体效应，任一要素的变化都会引发连锁反应，有时会导致整个教育生态系统的变化。

系统中的各个要素是相互影响、相互作用的，这种影响和作用把系统中的各个要素联系起来，能够发挥出更大的作用。在教育系统中，各个教学单位、各个机构要团结起来，相互促进，提高教学和工作效率，发挥出最大的作用。

9. 教育生态的边缘效应

边缘效应可以追溯到 1942 年，属于生态学原理，提出者为比彻（Beecher）。

他在研究中发现，生物群落的交界之处相比群落内部的结构更为复杂，生物种类更多，某些物种十分活跃，因而生产力较高。在边缘效应最初出现时物种之间竞争激烈，但是随着竞争的进行，它们会相互适应，找到各自的位置，彼此作用，和谐共生，最终形成一个多层次、高效率的物质、能量的共生网络。其依据性质的不同可以分成两种。一种是动态边缘效应，指的是移动型生态系统的交界处，有持久、稳定的物质与能量从外部输入。其具有较强的稳定性，可以长时间维持较高的生产力。另一种是静态边缘效应指的是相对静止型生态系统的交界处，没有持久稳定的物质、能量从外界输入。其具有不稳定性、暂时性。

教育生态系统中同样有着边缘效应，不过此边缘非生物群落的边缘是学科的边缘、小教育生态系统的边缘。因而，很多高校促进相邻学科在教学和科研上引入彼此的原理、研究思路和研究方法等，同时还会积极组织校际学术交流，安排教师到校外进修。教师到其他学校或者企业、研究所等单位进修，可以将本校和自己的知识、学术特点等带到新单位，学习新单位的知识、学术特点等，并在进修结束后将之带回本校，因此形成边缘效应。这既能够促进教师专业发展，又有助于促进学校学术水平提升。

10．“一潭活水效应”

“一潭活水效应”是指在生态系统中，由于生态因子不断优化或者物质能量的不断输入，而保持系统动态平衡的现象。一潭水也构成一个生态系统，在这个系统里生存着不同的生物如鱼、虾、水藻等，周围存在着非生物环境。如果这潭水是一潭死水，长时间没有活水的注入，水质就会发生变化，水中的溶氧就会减少，很可能导致各种生物的死亡。随着时间的流逝，水体也会蒸发导致日益干涸。因此，想要保持这个生态系统的正常运转以及可持续发展，必须有活水的注入，即生态因子不断优化或者物质能量的不断输入。“流水不腐，户枢不蠹”说的就是这个活水效应。

在教育生态系统中，“一潭活水效应”也是存在的。俗话说：“要想给学生一碗水，教师需要有一桶水。”这个比喻从某种程度上来说是有一定道理的。教师担负着向年青一代传播知识，促进他们全面发展的使命。如果教师没有比较渊博的知识和高尚的道德，就很难提高教学质量和学生的道德水平，影响教育功能的发挥。但是，这里的“一潭水”不能是“死水”，而需要是“活水”。因此，这就要求教师不能故步自封，而应该不断地学习，更新自己的知识以适应学生的要求。同时，“一潭活水效应”也督促着教学方法、教学环境上的更新，以适应时代的发展，提高教育的效果。

第二节　生态视角下的大学外语教学环境

环境就是周围的情况，包括自然环境、社会环境等。环境总是相对于某一中心事物（即主体）而言的。环境因主体的不同而不同，随主体的变化而变化。大学外语的教学在各个大学已经开展很多年了。大学生的外语教学大部分是在外语课堂上进行的，因此本书中提到的大学外语教学的生态环境主要指课堂的生态环境。课堂的生态环境由生物因素（教师和学生）与非生物环境（教室环境）构成。

国外对于课堂生态环境的研究起步较早。1932 年，美国的教育学家沃勒就提出了“课堂生态学”的概念，并且探讨了课堂教学的社会性和生态学，开启了现代教育生态学研究的大门。进入 20 世纪 60 年代，对于课堂生态的研究热潮开始兴起，学者从生态的视角运用生态的方法和理论对课堂的教学进行了研究。

一、大学外语教学环境的生态性

广义的大学外语教学环境指的是开展教学活动的场所，一切能够开展教学活动的场所，都属于教学环境。学校、家庭、企业以及社会的各个地方进行教育性的活动都是教学环境中进行的实践活动和认识活动。狭义的大学外语教学环境是指进行教学活动，旨在传递知识、发展学生智力和能力以及动手能力、对学生进行品德教育的场所，主要是指各类学校的课堂。在课堂上，教师要提前备课，计划组织课堂活动，目的是使学生能够掌握知识，提高能力。学生要按时上课，遵守课堂的纪律，进行知识的学习。学生所学习的知识是那些人类在长期的实践活动中总结出来的认识成果，以教育哲学和学习理论为标准选择出来的并且符合学生学习规律的知识。

不论是广义的教学环境还是狭义的教学环境都是具有生态性的。教学环境的主体与非生物环境组成一个特殊的生态系统。教学环境的主体包括教师和学生，而非生物环境就是生态环境。这个生态环境既包含物质环境，如教室的桌椅、教学设备、图书资料等以及空气、光照、温度、湿度、颜色、声音、气味等，也包含精神要素，如文化要素、情感要素、人际要素、课堂的心理环境等。

教学活动是教师的教和学生的学统一的活动，教学环境的主体就是教师和学生，一个施教、一个受教，两者之间是矛盾统一的关系。从生态视角看，教学环境生态主体分为两种，即教师生态群体与学生生态群体。前者内部包含的关系有教师个体之间的关系、教师群体之间的关系、教师个体与教师群体之间的关系。后者内部包含的关系有学生个体之间的关系、学生群体之间的关系、学生个体与学生群体之间的关系。可见，教学环境内生态主体之间关系的复杂性。

将大学外语教学视为一个完整的生态系统，师生这两个生态主体在课堂这一生态环境中开展教学活动，两者的教学活动和精神状态不可避免地受到教学环境的影响。反过来，教学环境也受到这两个生态主体的影响。师生生态主体与教学环境相互依存、彼此影响、彼此作用，才形成了完整的外语教学生态系统。

立足于外语教学生态主体之间的复杂关系，可以将外语课堂生态环境分为三个种类。一是客体性课堂生态环境，其不依赖于课堂生态主体而存在，属于客观性的物质，即座椅、黑板、窗户、光照、温度、通风等物理因素。二是派生性课堂生态环境，其依附于课堂生态主体，由此衍生而来，如班风、学风、课堂氛围、管理制度、人际关系等精神性因素。其自正式形成开始就具有相对的独立性和稳定性，在依附于课堂生态主体的同时也会对其造成潜移默化的反作用。三是课堂生态主体，其指的不是教师或者学生，而是两者身上具备的对彼此有影响的个人因素，是一种客体性环境存在，如教师的专业素质、文化修养、个性倾向，和学生的学习经历、知识结构、个性倾向等。

由上述分析可以看出，大学外语教学环境是一个特殊的生态系统。师生等生态主体之间，及其与教学生态环境之间有着多样化的、复杂的、密切的联系，各个生态要素在相互作用和影响中构成了完整的课堂生态系统。其中各个生态要素经由物质循环、能量流动以及信息传递共同维持和促进课堂生态系统的存在和发展。

二、大学外语生态教学环境的特征

大学外语教学的课堂生态环境作为一种独特的生态系统，具有整体性、开放性、共生性、动态平衡性和可持续发展性五大特征。

（一）整体性

大学外语生态教学环境具有整体性，即课堂生态系统是一个由各个生态因子彼此联系和作用而构成的有机的客观整体，不是各个部分简单相加拼合而成，而是各个部分和要素有机结合、相互渗透而成的完整、有序、稳定的系统。课堂生态主体之间是一个有机整体，课堂生态主体和环境也是一个有机整体，课堂生态系统各要素总是按照一定的顺序和方向发生作用。

在大学外语课堂教学中，教师和学生是教学活动的主体，他们相互依存，构成一个整体。每一个教师、每一个学生都具有差异性，其生活经历、家庭背景、知识体系、性格特征、能力水平、兴趣天赋等都不相同，在课堂生态系统中呈现出差异化的特点，占据着各自不同的地位，发挥着各自的功能。教师与学生在教学工程中，在课堂生态环境中，双向互动、彼此适应和影响，在师生的共同作用下，两者将各自分散的知识按照一定规律组织为新的知识，教师的教和学生的学相互影响，在交互中构成教学活动的过程。若是教师和学生不发生交互，彼此孤立存在，不再作为统一整体，没有信息、知识交流，就没有新知识的出现。只有两者有机结合为统一整体，在交互中相互作用，两者的知识才会从分裂、无序走向有机组合，且与环境相互作用，产生新知识。

课堂生态主体与环境彼此影响、彼此作用构成一个有机整体。在教材的讲解与学习过程中，前者的知识体系、认知水平会随之变化，而教材的讲解者就是教师，所以对于学生学习而言，教师与教材非常重要。作为课堂生态主体之一，教师的外语知识和语言技能、教学能力、教学态度、教学行为以及情感深刻影响着外语教学生态系统的整体性，影响着课堂教学的开展以及教学效果。教材同样影响着教学，若是教材内容过时、过难、过偏，就难以满足学生的个人发展和社会化发展的需求，导致其不能学以致用，使其知识和能力体系得不到有效发展，进而呼唤和促使教材改革，催生适应学生学习需求和社会要求的新教材，进而带动其他因素的变化，形成新的课堂生态环境。课堂的物理环境影响着课堂生态主体，影响着整体教学系统。若是教室内光照和温度适宜，师生在生理和心理上都会感到舒适，从而更易于高度投入教学之中。教室内的桌椅布置方式会给教学过程中的多维互动带来不同的影响。传统的成排、成列方式布置的桌椅使得所有学生与教师面面相对，易于教师单向对所有学生讲解知识，或者点名问答，但是很难与所有学生双向互动，学生之间也只能前后左右交流，不利于学生之间的深度交流。相比之下，将桌椅布置成“圆桌式”，便于学生以小组形式进行深度讨论，更易形成活跃、开放的课堂氛围，能够拉近师生的心理距离，促进师生、生生交流。

（二）开放性

贝塔朗菲（Bertalanffy）是系统论的最早提出者，其认为从原则上说，生命机体是一个开放的系统，也就是说所有生态系统必须保持开放，不断地与外界进行各种交换，才能够存在和发展，才有生命力。也只有在开放性这一前提下，系统外才能够获得输入，才能与外部环境系统进行物质、能量和信息的交换，才能达到与外界的互动以促进各个部分之间的交流，才能具有可持续发展的可能。生态系统首先是开放的。课堂生态系统受外部环境生态的影响，课堂生态系统与外部系统通过信息的输入和输出产生相互联系。网络、信息技术的发展和普及使这种动态的开放成为可能和必要。在此过程中，师生均可改变、发展自身知识、技能与态度，进而发挥积极作用，维持和促进课堂生态系统的存在与优化。作为生态系统的大学外语生态教学也只有开放才能够推陈出新，增强系统的活力。其具体表现在以下几方面。

1. 教学主体的开放性

作为大学外语课堂的主体，教师与学生之间进行着信息传递。师生均是独立的个体，有着不同的成长经历、家庭背景，因而在外语学习上的基础不同，形成了不同的思维方式、学习策略，以及交流方式。但是，目前的大学外语教学普遍突出教师的外语水平与教学水平的重要性，没有充分、正确地认识到学生才是知识的构建者、教学过程的主体，具有强大的发展潜力与主观能动性，忽视了学生作为课堂生态主体，在主动地学习与外界进行信息交换。课堂教学中，信息并非由教师单向传递给学生，而是在两者间双向传递，教师和学生也双向影响，

2. 教学内容的开放性

教学内容的开放性首先是指教材的开放性。语言是不断发展变化的，大学外语教材不断从外语书籍报刊、外语影音制品、社会语言现象和文化现象等方面取材，是开放的、动态发展的。其次教学内容还包括很多其他内容，不应仅局限于教科书，应该使教师和学生都成为课程资源的开发者和创造者，利用现代科技开发教学资源。最后学生将自己的理解与教师的理解相结合，通过吸收内化，就变成自己的知识了。

3. 教学模式的开放性

传统填鸭式的教学模式只注重知识的传授，不注重知识的实际应用，已经为教师和学生所诟病。为了提高学生的实际应用能力，适应现代社会的需要，应该打破传统的教学模式，利用网络、多媒体等现代手段拓展教学空间，建立一种以亲和性、融洽性、创造性、自主性为核心的自然的、开放的、和谐的、创新的教学模式。

4. 教学环境的开放性

教学环境包含内部的课堂环境与外部的社会环境两个方面，其开放性也分为两部分，其一为课堂内部师生平等、民主、自由、包容、和谐的开放性教学氛围，

有助于调动学生学习的积极性；其二为外语课堂与社会的联系与沟通。通过建设开放的教学环境，使师生能够在平等、和谐开放的教学环境中进行教学活动，使学生的外语实际应用能力得到全面发展。

5. 教学评价的开放性

教学评价大多通过考试的形式来进行，现在大学生参加的外语考试很多，学生都非常重视考试的成绩，这与他们自己的成绩评定、自己未来的发展息息相关。但是教学评价不能仅仅注重这些考试的成绩，更多地应该注重学生外语应用能力的培养。

（三）共生性

共生性指的是生态系统内的生命体相互依存和影响，长期共生，不断发展某种对此生存和发展有利的联系，从而形成互利共生的关系。共生关系是生态系统内一种常见的关系，不同的生物之间互利互惠，能够使彼此生存、发展得更好。一般来说，个体的自我实现水平越高，就越依赖于其他个体的自我实现以提升自身的自我实现水平。

大学外语生态课堂上的共生性主要是指教师和学生之间以及学生和学生之间的互动。教师和学生间的互动是相互促进的、互利互惠的、共生的。为了利用这种共生性，促进师生共同发展，就要针对外语教学的特殊性，灵活地利用信息技术辅助教学，开展多样化、趣味性的教学活动，从以教师为中心转向以学生为中心，从单向灌输式教学转向互动式教学。学生成为课堂上的主要参与者，教师变成引导者、协助者，这样学生就从知识的被动接受者成为知识的主动参与者，从而更好地激发学生的学习兴趣，提高学生的学习效果。学生和学生之间的互动是一种共生的关系，但也不可避免地存在着竞争，是共生与竞争共存的生态关系。大学外语生态课堂应该是以共生为基础的竞争性互动。因此，大学生应该开展合作性的学习活动，互相讨论，互相帮助，共同提高，共同进步。

（四）动态平衡性

在生态系统里，各个部分之间相互依赖，彼此交换物质流和能量流。

所有的生态系统均有自我调节能力，当然这种能力是有限的。当生态系统发展到一定阶段，它的生产者、消费者和分解者之间能够较长时间地保持一种动态平衡，即其内部的物质循环、能量流动和信息交流能够较长时间地保持一种动态平衡，这种平衡状态就叫作生态平衡。如果生态系统受到外界的影响过大，就会引起系统结构和功能的失调，使系统的生态平衡被打破，出现系统的失衡。生态系统出现失衡之后各个部分会做出调整，慢慢又会回到平衡的状态。生态系统就是在这种平衡到失衡再到平衡的动态平衡的过程中发展演变的。

大学外语教学系统作为一种特殊的生态系统，也具有动态平衡性。在发展中，其与外部环境之间、内部各要素之间会从平衡走向失衡再走向平衡。大学外语课堂教学的生态系统与外部环境之间的动态平衡主要是从系统和环境进行物质能量交流来体现的，如教学资源的供应是否充足、大学外语的教学能否满足社会需要。大学外语教学系统内部各要素之间的动态平衡性主要是体现在系统自身的结构和功能的平衡与失衡上，如师生关系、教学内容与学生的需求是否一致等。

大学外语课堂的教学过程也是一个动态平衡的过程。教师和学生在课堂的教学活动中不断地进行着物质、信息和情感的交流。在这个过程中，矛盾可能会出现，然后师生共同努力找到解决问题的方法，完成了教学活动，达到了教学目的，失衡转化为平衡。大学外语教学就是这样一个“出现问题—解决问题—达到平衡—出现问题—解决问题—达到新的平衡”的循环过程，这是一个动态的平衡过程。大学外语课堂这个生态系统就是在这个动态平衡过程中不断向前发展的。

（五）可持续发展性

目前，对于生态系统而言，可持续发展性至关重要，它是保持生态系统的完整性、使人类生存环境得以持续的唯一选择。随着社会的进步和发展，人类知识总量激增，更新速度越来越快，学生如果仅靠在传统课堂上获取的知识是远远不够的。在这种情况下学生必须改变传统的学习方式，提高终身学习的能力，达到可持续性发展才能够适应社会发展的需要。在大学外语的生态环境里，多媒体以及网络技术被广泛应用，课堂开放性极强，以学生为中心采取合作学习的模式，学生摆脱了传统的学习模式，在教师和同学的帮助下不仅能够学到很多知识、提高能力，还能利用其所能获得的学习资源如文字影像资料、学习软件、网络资源等通过交流、写作获得自主学习的能力，得到可持续地发展。

一个可持续发展的生态教学课堂不会是纯粹为了升学相互恶意竞争的空间，而是一个互利共生的课堂，教师和学生之间、学生和学生之间相互帮助，相互扶持，共同进步。这样的一个课堂系统是一个健康、开放的生态系统，能够帮助师生顺利完成教学目标，达到可持续发展。

三、大学外语生态教学环境的功能

系统的功能一般是指系统所具有的能力和它所能产生的效果。生态系统的基本功能包括能量流动、物质循环和信息传递，这三大功能保证了生态系统的运行。大学外语教学作为一个生态系统也具有这三个基本的功能。但是有别于一般生态系统，大学外语教学系统的基本功能有其独特的方面。

（一）能量流动

能量流动功能指的是生态系统中能量在非生物环境—有机体—外界环境之间的传递和转化。能量流动体现了能量守恒和转化定律，输入生态系统的能量总数等于有机体贮存、转化以及释放的能量总数。与自然界中的生态系统一样，大学外语教学生态系统也具有能量流动功能。这个能量不仅指学校给大学外语课堂所提供的物质方面的能量，还指在课堂教学活动中师生之间通过交互活动所形成的成就感和影响力，以及因此所产生的影响大学外语教学的能量。教师之间能量的流动来自相互之间进行教学思想、教学方法的交流讨论，以及进行教学合作，这样会有利于教学团队的合作和发展，促进大学外语教学的发展；如果教师之间没有这些交流和合作，能量不能得到流动，就不利于教师整体教学能力的提高和大学外语教学的发展。学生之间也存在着能量的流动。学生之间的交流、合作所产生的能量会影响到个体能力的提高，学生在互相帮助中也会产生成就感，增强彼此学习外语的信心，形成浓厚的学习气氛，有利于学生之间的合作和良性竞争。如果学生之间没有合作、交流，就不会产生能量的流动，不利于课堂活动的开展和学习外语水平的提高。师生之间的相互交流、相互影响也是能量的流动。教师在这些交流中看到帮助学生提高了外语水平而产生一种成就感，这会进一步激发教师教学的热情。学生在教师的帮助下得到了提高，从而增强了自信心、收获了成就感。师生之间的成就感和热情是可以互相影响的，能量在彼此之间流动，从而转化成了大学外语课堂活动的动力，有益于彼此的和谐发展。

（二）物质循环

生态系统的物质循环是指非生物环境中的各类参与合成和建造有机体的物质，在环境与生物之间反复循环的过程。大学外语教学系统中的物质主要是指教材、教学资料、教学媒体、仪器设备等生态资源，这些物质承载着外语语言知识，这些生态资源的循环实现着大学外语课堂系统信息的交流。在教学中，教师通过运用教材、教学资料、教学媒体等对教学内容进行内化和处理，帮助学生学习和吸收生态资源中的外语知识，所以教师是大学外语生态资源的分解者，体现了从教师到学生的物质循环。学生吸收了生态资源中的外语知识，将其内化吸收入自己的知识体系，因此，学生是消费者和分解者。此外，学生在这一过程中构建和完善了自己的知识体系，这也会反过来影响教学过程，影响教师的知识体系，体现了物质从学生到教师的循环。之后教师会不断优化教学，即改变对大学外语教学生态资源及其利用方式，体现了物质从教师到生态资源的循环。总之，大学外语教学系统中存在着物质循环的过程，物质经由生态资源—教师—学生—生态资源或者生态资源—学生—教师—生态资源不断循环。在这些过程中，大学外语生态系统的物质得到了循环，教学活动得到了开展，师生的知识得到了扩充、发展。

（三）信息传递

生态系统中存在着众多的信息传递。信息就是指能引起生物生理、生化和行为变化的信号，阳光、温度、降水及其他生物的行为等生物的或非生物的生态因子均可作为生态系统的信息，生物可根据环境信息的变化调整自己的生活及行为。大学外语课堂系统中，信息交流和传递持续地产生于师生之间、生生之间以及师生和生态环境之间。系统中的各个生态因子经由信息交流和传递而有机结合在一起，共同构成一个整体。在教学过程中各种各样的信息在进行交流和传递，包括教学内容信息、教学管理信息、言语信息、非言语信息、能力信息、资源信息、环境信息等。在教学活动中，教师通过各种教学仪器和设备进行知识的讲授、内容的指导、课堂的管理，信息也就由此从教师传递到了学生。并且学生的学习是主动性的、创造性的，而非一味地被动接收信息，学生在探究的过程中习得、构建知识，同时产生信息反馈，为教师改进教学提供信息。学生之间通过积极地合作交流，加深了对外语知识的理解和运用，彼此都在给对方传递着各种信息。另外，师生也在和大学外语教学系统的生态环境进行着信息的传递，从而获得能量，使师生的知识更加丰富，能力不断提高。因此，大学外语教学生态系统中的信息是双向传递的，而非仅有教师—学生单向传递，还包括教师—学生、教师—环境、学生—环境、学生—教师、环境—师生的信息传递。也只有在多维的双向信息传递过程中，师生才能共同发展，大学外语课堂生态系统方可更好地生存和发展。

大学外语课堂的生态系统作为一个特殊的生态系统，除了具有上述的能量流动、物质循环和信息传递的基本功能，还具有知识联结、成长促进、制度规范和动力促进四个特殊功能。

（一）知识联结

大学外语教学系统中的课程和教材承载着人类对过往知识的积累，是国家根据教育的目标和教育的规律制定的，符合学生的学习规律。

课程指的是学生在学校内经由教师指导获得的以推动身心发展为目标的教育性经验。课程的重要构成部分有课程计划、课程标准和教材。其中，教材是非常重要的内容。从广义上说，它指的是学生习得科学概念和原理所需的材料，如课本、教学视频、幻灯片、教具、教学参考书等。需要注意的是，大学外语教学中教师并非直接将教材中的知识原封不动地传递给学生，而是会基于个人知识和教学大纲要求等将其中的内容加工、内化、整合成教学资源和资本。通常而言，教师越熟悉教材，越理解其中的内容，在传授学生知识时的有效性就越高，也就越能够将其中的内容有效地传递给学生。学生则会以自己的思维方式和学习方法理解与消化教师所传递的知识，将之构建为自己的知识体系，提升自己的认知水平，在自己的脑海中形成对外界的认识。在大学外语的课堂教学过程中，教师是知识的组织和加工者，学生是知识的吸收、消化、利用者，由此，人类知识代代相传、不断传递。

（二）成长促进

大学外语教学生态系统中，通过课堂生态主体之间，以及其与教学环境之间的知识传递和创新，师生的知识和能力得到了发展和提高。教师在教学生涯中有很多机会去进修以此来获得知识和能力的提升，但是更主要的还是教师在教学中的学习和成长。大学外语的生态课堂可以促进教师成长。课堂本身就是得天独厚的学习场所，对于教师也是一样的，教师始终处在这个学习环境中．与课程与学生发生着交互作用，学生对于教师的期待以及反馈促进教师继续学习，进行成长。同时，教师是否能够真正驾驭课程，对于教材是否真正融会贯通，是否能够将自己的知识完整地传授给学生，这都在考验着教师，敦促着教师不断学习，持续发展。学生在课堂上的主要任务就是学习，获得更多的知识。但是知识方面的成长并不是唯一的目标，学生应该在这个生态课堂上得到自主、和谐地成长和可持续发展。大学外语的生态课堂更加注重学生的全面发展，注重培养学生的自主学习能力和终身学习的理念，这样才能促进整个社会的可持续发展。因此，在课堂上，教师应当充分重视学生的终身学习意识和能力的培养，重点发展他们的独立思考、自主学习、探索创造的能力。在课堂的生态系统中，不仅师生得到了成长，课程同样也得到了成长。由于课堂的开放性，课程在教师和学生不断地解读中，内容不断丰富，教师与教学管理者也随着课程理念的发展和革新而不断优化课程内容，创新课程教学方式、模式，从而促进课程的成长。在大学外语课堂的生态系统中，教师、学生和课程的成长是相互联系、相互作用的，一方的成长会带动另外两方的成长，使得这个生态系统处于发展、动态平衡之中，“教学相长”得到了充分的体现。

（三）制度规范

大学外语的课堂是大学外语教学活动进行的主要场所，课堂的教学主体都要遵守一定的制度，才能保证课堂的教学活动顺利开展。在传统的课堂中，管理制度一般由教师来制定，学生来执行。在这种模式下，教师既是制度的制定者，也是制度执行的监督者和评价者；而学生只是制度的执行者，执行得好不好都是由教师来评判的。大学外语生态课堂内的制度应该是教师和学生协商制定的。在这种模式下，教师是制度的参与者和指导者，教师参与制定课堂的制度，同时确保制度最好地被执行，以及班级成员对于制度的制定以及执行的民主性。学生不再只是制度的执行者，而是制度的制定者、评价者和改进者，这样使学生对于课堂的制度也有了发言权，他们就会减轻之前被动的制度遵守者的心理压力，真正能够去遵守各项制度，有利于教学活动的开展以及学生身心的健康。同时，这种模式还能保证课堂制度更加公平，更容易营造宽松的课堂氛围，提高学习效率，促进师生的共同成长。

（四）动力促进

大学外语课堂学生的学习效果也受到班级学习风气的影响，即班级学习风气是大学外语课堂的动力所在。班级学习风气也称为班级学风，是指学生在学习过程中表现出来的态度和学习风气，即高校学生的学习目的、学习态度、学习方法、学习精神等内在品格在学习上的外部表现和反映。班级学风实质是班级成员的价值观在学习活动上的具体体现。由于价值观是相对稳定的，因此班级学风具有持久性和客观性，不会因为某一学生的改变而改变。班级学风对大学外语课堂的教学有很大的影响。在良好班级学风的作用下，学生能够积极配合教师的各项活动，积极主动地与教师进行交流，求知欲非常高，使得课堂氛围非常活跃，这也会激发教师的教学热情，更加积极备课，安排更有利于学生增长知识和提高能力的教学活动。反之，如果一个班级的学风不是很好，学生不能积极主动地学习和配合教师，课堂气氛就很沉闷，学生的学习积极性不高，教师的情绪和热情也会打折扣，师生的这种心理压力无疑会对教学产生负面的影响。因此，教师要积极引导学生，学生也要积极配合，为形成良好的班级学风共同努力，实现知识和能力的共同发展。

第三节　大学外语生态教学的环境优化

从多媒体进入大学外语教学课堂到现在的现代信息技术与大学外语教学的整合，信息技术在课堂上成了教学不可或缺的因子。信息技术进入外语课堂丰富了语言的操练形式和手段，提供了方便的资源，为激发学生的学习兴趣和提高外语教学效果立下了汗马功劳，这是不争的事实。但是，再新的教学理念，再高端的教学手段都不能一劳永逸地解决所有的问题。多年来大学外语教学改革的实践证明，对传统的大学外语教育进行简单的修补并不能从根本上解决大学外语面临的所有问题。如何充分利用优质的网络教学资源，深化大学外语教学内容、目标、方法等的改革，推动建立信息化语境下的大学外语生态教学模式，最终优化大学外语生态教学给担任大学外语这门量大、面广的教师等教育工作者带来了新的机遇和挑战。本节主要运用生态外语教学观的基本思想，探讨如何通过信息技术与外语教学的有机整合，使各个生态因子保持和谐关系，使教学系统恢复平衡，促使各个生态因子互促互进、共同发展，进而实现大学外语生态教学的优化。

一、大学外语生态教学环境的优化原则

众所周知，所谓原则就是说话、行事所依据的准则。要优化大学外语生态教学环境，就应当依照优化原则的指导，从而明确优化方向，基于此制定和采取可行、有效的行动方案。根据学界研究共识，优化大学外语生态教学环境需坚持稳定兼容原则和制约促进原则。除此之外，笔者认为要优化大学外语生态教学，还需要在思想上和行动上遵循以人为本的原则。

（一）遵循稳定兼容原则

稳定兼容即大学外语生态教学环境要有稳定的教学结构，这样各个教学要素才能够平衡，而为了实现这一点就要兼容各个教学要素，使之和谐统一于教学环境中。大学外语教学要素众多，有教学目标、教学要求、教学内容、教学工具等，这些要素在教学的实施阶段都起着不同程度的作用。一旦失去了某个要素，整个教学结构就会不稳定，因此教学结构要达到稳定，各要素就必定要互相兼容。信息技术作为现代教学的新要素，将之纳入大学外语教学环境，即将外语课堂与信息技术整合，必然会导致原环境发生颠覆性变化，同时也影响各个教学要素及其之间的关系。原本兼容的各要素也会由于新要素的进入出现不和谐的现象，结构

也会随之不稳。因此要想达到结构的重新稳定，就要使教学要素之间相互兼容。无论是从教师来说，还是从学生来说，都要做一些相应的改变，促使信息技术与其他要素融合，这样信息技术才能在教学中发挥其角色功能。从教学管理层面上讲，改变传统的教学管理模式，要给教师充分的政策支持，为环境的优化创造条件。例如，要优化技术设备、对于教师网络教学的工作量给予认可等，以此协调信息技术与其他教学要素的关系，使之与教学环境有机融合，进而最大程度地发挥信息技术的教学作用。作为大学外语教学环境的生态主体，教师要积极适应信息技术这一要素的融入，转变角色，提升自身信息素养和信息教学能力；学生要积极利用信息技术自主学习，进行创造性的探究活动。各要素都应在自己的生态位上发挥作用，只有在实践中兼容了，教学结构才能稳定，教学环境才能重新平衡。

（二）遵循制约促进原则

制约促进原则也就是制约教学运转，促进个体发展。从生态学角度来看，各个教学要素的功能和定位各异，需各安其位，发挥自身功能，然而各要素之间有着复杂的相互关系，它们功能的发挥会相互影响，因而要遵循制约促进原则。通过制约，才能够使教学系统稳定运行，而教学环境的优化以促进个体发展为目标。网络和多媒体教学手段介入教学环境，这意味着学生自主性、交互式和个性化的学习成为可能。事实上，在教学中出现了对信息技术的误用现象，如对信息技术的低值使用、过度使用信息技术、滥用信息技术、教师对幻灯片的过度依赖等。这样的误用不利于学生的个体发展，导致我国大学生的外语自主学习和实际应用能力低下。信息技术的使用要根据实际的教学目标，以学生为中心，采取合理的教学手段和方法，不可不使用，但也不能过度使用或者胡乱使用。因此，要促进个体发展，各要素就要在合理的生态位上与其他要素相互作用、相互依存、相互转换，功能的发挥要在规则允许的范围内：一是要避免各要素的作用扩大，二是要兼顾各要素之间的渗透性，三是要避免各要素功能的越位发挥。立足于宏观层面，以整体观、系统观来把握各要素之间及其与教学环境之间的关系，同时不忽视微观视角对教学生态系统局部的分析。以“制约”为手段，实现“促进”的结果，从而为外语教学活动的开展提供良好的教学环境。

（三）遵循以人为本的原则

从教育方面来说，以人为本的教育理念就是人是教育的中心，也是教育的目的；人是教育的出发点，也是教育的归宿；人是教育的基础，也是教育的归宿。

信息技术与外语课程的整合要遵循以人为本的生态化思想，构建交互动态的外语教学环境，这样有利于外语教育生态系统平衡、动态和良性发展。在教学中，以人为本就是以学生为本，一切为了学生的发展服务。大学外语本身就是人文类的课程，在其教学过程中，尤其要树立以人为本的原则。

首先，以人为本要树立“以学生为中心”的思想，突出学生在教学生态系统中的主体地位。大学外语教学坚持“以学生为中心”，必须意识到学生在语言教学中的主体地位，把学生放在整个教学结构的中心位置，大学外语系统中所有的因子，如教师、信息技术、教学手段等都要为学生的学习和全面发展服务。学生的主体地位具体表现在如下三个方面：①学生在个体发展需要的驱动下，经由教师的教学，发挥自己的主观能动性来学习和内化知识，实现主体客体化；②学生通过学的实践活动，将人类社会积累的知识成果以及教师的人文素养吸收融入自身的知识体系和素养体系中，促进自身发展，实现客体主体化；③学生主体地位的实质在于学生是教和学的最终目的。构建主义始终主张学习的过程是学生主动构建知识的过程，而非被动接受教师灌输知识的过程。以往的大学外语教学中，以教师中心式教学为主，强调教师对课堂教学的支配，是一种填鸭式、灌输式的教学，学生一味被动地记忆和接受知识，难以构建自己的知识体系。现代教育教学观念不断更新、发展，在社会需求导向下，越发重视培养学生的外语综合运用实际能力，迫切地需要确立和强化学生的主体地位，使之主动地进行知识构建。因此，要坚持以人为本的原则，教师需关注学生的学习兴趣，激发他们学习外语的热情、积极性和主动性，培养和发展他们自主学习能力、探究性学习能力，使学生成为学习的主人，自己则转变角色，做学生学习的引导者、辅助者和支持者，做教学的组织者和研究者。学生则要发挥自身主体性、能动性和创造性，通过探究活动进行知识构建，配合教师的指导，充分利用各种学习资源，尤其是网络学习资源，掌握搜集信息、获取知识的方法，形成自己的自主学习策略，积极地自我发展。

其次，以人为本原则要求尊重和重视学生的差异性，因材施教，开展个性化教学。大学外语教学中，学生的外语学习经历、学习动机、学习兴趣、语言天赋或多或少地存在一定的差异，在接受统一教学的情况下，必然会在学习过程和成果上有所不同。以往的大学外语教学仅根据年级以及专业来设置教学目标、内容，没有充分考虑到学生个体之间的差异，以及同一年级和专业，乃至同一班级内学生群体内的层次性，因而无法获得最理想的教学效果。因此，当下外语教学改革的一大重点就在于尊重和重视学生差异，开展个性化教学，挖掘学生的外语学习潜力，促进每个学生最近发展区的发展。如今，个性化教学理念日渐受到各大高校的重视。具体而言，个性化教学理念内容主要有①个性化教学活动有针对性的目的，也就是最大程度地促进学生个体的个性发展；②个性化教学主张充分引导和鼓励学生基于自身需要和兴趣积极进行自主学习，提高自主学习能力；③个性化教学倡导基于一致的培养目标，根据学生差异灵活地采取多种教学方法和形式。个性化教学没有死板的固定模式，要求立足于学生的具体学习情况，尊重他们的差异性，强调促进其个性发展。

最后，在信息化的环境下，网络资源丰富多样，新颖的视听材料可以创建与现实生活贴近的情境。这为个性化教学提供了一条切实可行的途径。外语教师需根据学生的学习情况，将其分成不同的层次，从而制定不同的学习目标和任务，以便每个学生都在自己的学习起点上有所进步。对于基础差的学生，先要激发他们的学习兴趣，然后帮助他们树立近期的目标，给予更多的关注和鼓励；对于水平高的学生，要鼓励他们树立更高的目标，充分激发他们学习的潜能。总之，个性化教学强调在教学中，学生是学习的主体，要以学生为中心，重视学生的个体差异，采用个性化的教学策略和方法，使其能够对知识进行自主建构。教师应当帮助学生学会借助信息技术选择适合自己的学习资源、方法和策略，从而自主地进行个性化外语学习。

二、大学外语生态教学优化策略

大学外语生态教学的优化要在遵循稳定兼容原则、制约促进原则、以人为本的原则下，以生态教学环境中的各个因子为切入点，采取合适的、多样化的措施，最终实现全面优化。其中，教师作为外语教学活动的实施者，其教学理念、外语专业能力、教学能力等都影响着学生的学习以及教学的效果，是优化外语生态教学的最佳突破口。因此，只有实现教师的生态化发展，才能保证教学环境优化的顺利进行。

（一）促进教师生态化发展

教育大计，教师为本。有好的教师才有好的教育。很显然，教师队伍建设在实现我国中长期教育改革和发展目标中起关键性的作用。从教育生态学上来说，教育生态系统主要分为两个组成部分，即师生等生物体和他们生存的环境。其中教师在现代教育理念中不再是教学活动的主体，而是学生学习的辅助者，但却仍是教育生态系统内的生态主体，影响着教育生态系统，并与之交互进行多种转换，因此，教师的生态化发展受到教学环境综合作用的影响。其意识和行为同样作用于、影响于教育生态系统中的其他因子，也就是说教师在教育生态系统中居于重要地位，有着重要功能和作用。教师的生态化发展与大学外语教学的生态化发展之间有着紧密的联系，通过促进教师生态化发展，能够实现大学外语教学的整体生态化发展，即优化大学外语生态教学。这就要求在外语教学生态系统中对外语教师进行合理、正确的定位，即找到正确的生态位。

教育生态系统中，教师作为生态主体与各层次的环境之间有着复杂的关系，或相辅相成，或彼此竞争，两者一同消耗教学资源。此外，教师在教育生态系统中有着特定的位置，既生态位。一方面要按照法律法规政策、社会公共道德规范、学校规章制度等的要求来行动，维持和保证教育生态系统的稳定性；另一方面要通过终身学习、自我提升以跟上外界环境的发展。作为教书育人使命的承担者，教学任务的实施者，教师直接联系于教育生态系统中的各个部分，以各个环境因子的中介为生态位。其生态位与主导作用是教育生态系统中其他任何因子所不能替代的。因此，教师应先认清自身主导作用，并且坚持以学生为中心，一切从学生需求出发，基于此发挥自身的主导作用。教师只有正确认识了自身所具备的主导作用及如何发挥主导作用，才能够找准定位。在当下这个信息时代，大学外语教学已经开始了信息化的进程，教师的适应能力直接影响着教学中其他教育单元的发展，所以其还肩负着判断学生是否有信息技术达到教学要求的职责。由此可见，教师是整合信息技术与外语教学的关键因素，决定着大学外语教学的变化和发展。教师应随着环境的进化不断自我完善，以适应生态系统的整体发展来使教学效果达到最优化。要优化教师的生态位，可以从以下四个方面进行。

1. 提高信息素养

教师作为直接与信息技术交互的物种，对于信息技术在教学中的使用有十足的控制权。首先，教师对于信息技术的态度和能力直接影响了教师对技术的使用。如果教师对信息技术有抵触情绪，那么相对地学生必然对技术有消极的情绪。其次，教师的信念和时间也影响着技术的使用，教师有权力决定是否使用技术和如何使用技术。最后，教师能够保证使用信息技术在教学中获得一定的收益，这样信息技术才能在教学中不断发展。

教师必备的信息素养主要有如下几点：首先，让教材“活”起来的能力。教师要充分运用多媒体技术将教材用“活”、用好，充分开发、整合教学内容将其合理地设计成多媒体形式的教材，并且使学生掌握应用这些教材学习的方法。其次，筛选资源的能力。网络虚拟空间中有着海量的教学资源，它们良莠不齐、难以分辨，教师需具有合理筛选、整合、优化、组织教学资源的能力。再次，合理设计虚拟环境的能力。借助网络技术，大学外语教学超越了时空束缚，从课上延伸到了课下，从线下延伸到了线上，教师应当能够基于课文主题、外语国家的文化背景以及学生的学习目标和外语水平合理设计虚拟教学环境。最后，信息化教学方式。教师要学会教学个性化方式、学习自主化方式和任务合作化方式等信息化教学方式，努力培养和提高自己任务设计、任务组织和任务评价的能力。另外，教师还要在教学过程中，要合理使用信息技术，避免在教学中出现滥用技术、过度使用技术和低值使用技术等现象。教师只有拥有了先进的教学理念、良好的信息素养，才能在大学外语教学中采取生态化的教学方法优化教学。

2. 承担多种角色，适时转变角色

现代高校教师是动机激发者、气氛营造者、计划制订者、资源提供者、效果评估者等于一体的综合角色。信息化的大学外语教师，必然应当承担多重角色。学生有困难时，教师就是学生无话不谈的朋友；学生有疑惑时，教师就是某一领域的专家；学生面对丰富的网络资源无所适从时，教师就是指引学生少走弯路的指导者。总之，教师要努力体现学生的主体地位，争取做到以下几点。①在课前，做课程设计和开发者。为此，教师必须要有渊博的外语知识、创新能力，并且关注社会热点与发展趋势，与时俱进地在课程中融入新的知识和文化元素，打造精品课程，以满足学生自身发展与社会发展的需求。②在课中，做知识讲授者、教学过程组织者、语言能力培训者以及教学评价者。为此，教师应以敏锐的眼光捕捉和充分发掘学生的潜力、创造力，针对学生个体差异进行教学，帮助学生自主构建知识。③在课后，做学生学习的辅助者和学习资源的提供者。为此，教师需借助网络收集和优化教学资源，根据学生需求提供合适的学习资源，并借助信息技术适当地指导学生自学。总之，教师承担着多种角色，应当在合适的时间转变角色，使学生有足够的、合适的资源学习，有足够的机会运用外语，帮助其提升自主学习能力，成为主动的学习者。

3. 增强生态合作发展意识

根据认知心理学的理论，学生通过合作学习过程中进行的交换意见、争论、分歧等活动能够获得新的认知或者加深已有的认知；合作学习有助于学生捕捉灵感、形成想法、完善和深化观点，在交流中发展自身思维过程，在达成共识的过程中提升自我效能感。大学外语生态教学系统的平衡与发展不是某个生态因子孤立发展的结果，而是各个生态因子相互作用的结果，即合作的结果。因此，教师应当增强生态合作发展意识，积极地与学生合作，促进学生之间的合作。基于生态视角，大学外语教学中教师与学生之间应当构建民主平等的合作关系，教师要以平等的眼光看待学生，充分地尊重学生，与之双向互动，合作教学，共同发展。同时，教师也应当强调合作学习方式，以小组作业等方式培养学生的合作意识，使之合理分工、协作完成学习任务。此外，教师在课堂之外也应当通过教学交流会、集体备课等方式，积极地与其他教师交流，利用集体智慧优化教学、发展自身。一方面，高校各部门应当加强合作，为教师交流和发展提供机会，如组织公开课、教学经验交流会、讲座等活动，使教师交流经验和看法，彼此学习、共同发展；另一方面，外语教学研究室应当倡导教师通过以老带新、小组备课等方式进行合作。这样能够拓展教师合作的渠道和平台，帮助他们不断学习新的教学理念与方法手段，提高自身教学能力。另外，高校可以构建外语教师网络发展平台，该平台应拥有各类外语教学资源以及精品课程录像和各级论坛，教师可以根据需求选择资源，当然也可以就教学中的问题在论坛上进行教学研讨交流。每位教师还可以为自己建立电子的教学反思档案，对自身的教学与研究交流的结果给予评价。

4. 扩充生态位

教师的生态位会随着教育发展的变化而发生改变。根据生态学理论，所有生物体都能够扩充生态位，从而占据更广阔的空间去生存和发展，同时发挥出更大的作用。如今，外语教学转向信息化教学，从传统的线下教学拓展为线上教学，不仅是信息技术发展的结果，也是教师生态位扩充的结果。在信息技术融入外语教学、促进外语教学信息化的过程中，教师要积极接受新的教学理念，利用新的教学资源，解决新的教学模式和自身能力素质的冲突，并基于具体教学需求优化教学资源、方法等。教师在这一过程中最大程度地调动了自身潜能，实现了生态位的扩充。教师的发展必然包含着教师生态位的扩充，这又促进了教育生态系统的优化。因此，教师应当坚持终身学习理念，与时俱进地学习新的知识技能，提高信息化教学能力，从而不断开发、优化教学资源和模式，挖掘和开发自身价值，促进大学外语教学生态系统的整体发展。

（二）转变教学环境中的限制因子

与一般生态环境中的限制因子不同，教学环境中的限制因子不是固定的，其中任何一个生态因子在数量过少的情况下都有一定的概率变成限制因子，产生限制作用，数量的过多情况下也一样；此外，其中的有机体可以适应限制因子造成的限制性环境，并且可以积极采取措施、主动创造条件，将其转变为非限制因子，这就是教育生态学中的限制因子定律。该定律适用到大学外语中可以理解为在大学外语教学环境中每个生态因子都可以转变成限制因子，限制因子可以人为地转变成非限制因子。

教学生态系统的主体是人，其中有着复杂的人际关系，涉及智力、非智力、社会心理等因素，会产生大量的信息，是一个复杂的信息管理系统。在教学生态系统发展受阻或不畅时，需及时找出限制因子，以合理有效的措施将之转变为非限制因子，从而维护教学生态系统的平衡和稳定，以提升教学质量。这也是优化大学外语教学的关键。要找到限制因子就要先进行观察，要意识到限制因子已经接近或达到耐受的界限，并且已经阻碍了教学的发展。以目前的大学外语教学为例，在目前的教学环境下，如果教师不使用信息技术或者过多使用信息技术都不利于教师和教学的发展；如果学生不进行网络自主学习也同样不利用其自身的发展，在这种情况下信息技术就是限制因子。当然这只是一个方面而已，关键是该如何把握量和度的问题。找到限制因子还不能解决问题，重点是如何控制或转变其为非限制因子。要控制限制因子关键在于两点：①控制该生态因子面临的可能性空间，如可以通过完善教学平台来更好地监督学生的网络自主学习等；②根据反馈信息进行调节，如通过对教师进行教学培训来提高教师的信息素养，不断进行反馈和调控来达到目标。不管怎么说，转变限制因子定律是一项复杂的工程，师生都要积极参与，利用自身的直观能动性和创造性，调查和分析各个教学因素，并且积极合作，创造有利条件，以克制和消除限制因子的限制作用，将之转变为非限制因子，促进大学外语教学生态系统的整体发展。

（三）引导生态系统中各生态因子协同发展

在当下这个信息化环境中，大学外语教学生态系统失衡、发展受阻的一个原因在于信息技术这一生态因子加入并主导教学环境后，其他生态因子没有与之协同发展。因此，要通过外部干预的方式来使这些生态因子适应信息技术主导下的教学环境，与信息技术同频共振。

信息技术这一强势因子进入并主导大学外语教学环境后，本来应当影响其他因子，与之相互作用，引领其他生态因子同步协变。但是在实际的教学生态系统里，系统内各生态因子协变的节奏并不能进而与现代技术的发展保持同步，如教学的管理不到位、教师的教学理念没有更新或者更新缓慢、教师和学生的信息素养没有提高等。因此，要提高系统内各生态因子同步协变的速度和质量，就要制定合理的相关政策，采取相应的措施来解决涉及的问题。

要引导大学外语生态系统中各生态因子的协同发展，可以从硬件方面和软件方面来考虑。先是学校的硬件条件建设。信息化教学模式的前提就是高校要提供相应的网络多媒体教学设备和学生的自主学习中心，这样教师才能更好地开展信息化的外语教学，但是经过作者的调查发现，目前一些高校缺乏对外语教学的资金投入，使得信息化的教学设备非常缺乏，有的学校根本没有设立专门的网络自主学习中心，还有一些高校教学的信息化程度不高，使得很多教师和学生无法共享资源，造成了大量资源的浪费。因此，要优化大学外语的生态教学环境，需要先督促高校进一步完善信息化教学的设备和场所。

其次是软件方面的建设，主要涉及教师和学生的观念和信息素养。对教师来说，教师的主要任务可以归纳为更新教学观念，适应新教学模式，学习并使用现代信息教育技术，采用新的教学方法，根据新的课程积极开展课内、课外活动等。但是在教学中，教师并不能达到这些方面。师资培训是一个很好的解决方法。对此，学校之间可以联系合作开展校际教师经验交流活动，安排教师外出学习，组织教师去一流大学考察，邀请外语教育专家进校指导等，以多样化的途径帮助教师学习新的教学理念和方法，不断提升自身专业教学能力，尤其是信息化教学能力。另一个方法就是合理的激励机制。例如，把教师对学生自主学习的辅导和监督的时间计入工作量给予物质上的奖励。对学生来说，学生的任务是了解学习要求，适应新的教学模式，掌握学习策略，积极主动地学习，会自主学习，增强实际运用能力。可以在新生入学时就对他们进行教育培训，让他们清楚地了解教学改革的目的和他们学习外语的用途，并且根据教师的课时安排，组织其开展短期的信息教学技术、在线教学平台等的相关培训，使其尽快掌握信息化教学的方法和技术，提升其信息素养。

总之，信息时代，大学外语教学生态系统进入了信息化环境，我们要顺应时代发展，人为干预系统中的生态因子，使之随信息技术因子的主导而改变，使各个生态因子协同发展，恢复和维护大学外语教学生态环境的平衡。

（四）克服大学外语教学环境中的“花盆效应”

从教育生态学的角度来看，大学外语教学是有机的、复杂的生态系统，由独特的生态主体和生态环境组成，并且受到系统内外多种因素的影响。

教师和学生共同构成了大学外语教学生态系统中的生态主体。教师位于主导地位，主导着教学过程的设计、组织，指导着学生的学习；学生位于中心地位，是知识的探索者、内化者和构建者，其学习需求是教学活动的出发点和落脚点。大学外语教学环境一是指的是物质环境，如教室、多媒体设备，二是指的是组织环境，如课堂教学组织形式、在线自学组织形式等，三是指的是精神环境，如教师教与学生学的态度、动机、需求、理念等。因此，优化大学外语生态教学环境，要立足于师生的共同发展，避免不利于外语教学的环境因素。然而，在现实教学中，信息技术在促进外语教学的同时，也使得教学中产生了“花盆效应”，如学生在自主学习中缺乏自我支配和自我控制的能力，不能适应新的环境和状况；还有些学生墨守成规，对新形势下教师角色的转变、教学方法的转变不接受；教师过度依赖课件等。因此，要克服现代技术环境下的“花盆效应”，需对信息技术带来的好处和坏处进行全面、正确的认识，结合教学需求和环境条件合理、灵活地应用信息技术，以师生共同发展、可持续发展为落脚点优化生态教学环境。

首先，要充分体现学生的主体性。学生作为学的主体，他们并不仅仅被动地接受消化所接触到的知识，还要对知识进行“分解”，逐渐转化为自己的知识，再对知识进行建构，最终形成自己的知识体系，完成对知识的掌握，所以学生是生产者、消费者和分解者的高度统一体。因此，要创建生态平衡的大学外语生态系统，就要发挥学生的主体作用。在知识输入环节，教师可以充分利用现代丰富的网络资源，根据学生的不同水平给他们布置可操作性强的输入任务，尽可能地让学生参与其中，形成多种途径的知识输入。在对知识的消化理解阶段，应避免传统死记硬背的学习方式，通过一些相关的知识游戏或者活动来解决问题，促使他们参与其中，给他们更多的自由，积极主动地消化吸收。

其次，要培养学生的自主学习能力。自主学习并不等同于学生的自习。有学者将自主学习定义为一种通过后天培养的，在学习过程中形成的对自己学习负责的能力。自主学习主要体现在五个方面：能够确定学习目标；能够决定学习的内容和进度；能够选择学习策略；能够监控学习过程；能够评估学习效果。在传统的大学外语教学环境中，教师掌控课堂教学活动的进度，学生被动地接受来自教师的知识，对教师的依赖性大，可以说“花盆效应”影响巨大，学生缺乏自主学习能力。目前的大学外语教学改革尚未完全消除“花盆效应”的负面作用，这使得学生难以较好地适应信息化教学环境，无法由此获得最佳的学习效果。因此，必须积极培养他们的自主学习能力，以克服“花盆效应”。一方面，教师要引导学生转变观念，接受师生角色的转变，明确学习目的，主动去规划、控制、管理、评估和安排自己的学习。另一方面，教师要让学生懂得如何课外学习，可以采取这样的措施：①组织学生互评作业，并由教师评价学生的作业及给出评价；

②鼓励学生成立外语学习组织，举办多样化的趣味活动；③组织学生内部评选优秀作文并展示，鼓励学生发表意见；④师生共建学习资源库，上传幻灯片课件、外语演讲视频等资源，为学生提供充分的学习资源，鼓励学生跟踪外语学科的最新动态，同时提升他们收集、整合信息的能力；⑤鼓励学生阅读外语书籍，观看外语影视剧，激发其学习兴趣和积极性，拓展其语言知识的同时，丰富其外语文化知识；⑥指导学生每学期初编制自己的学习计划，并在其中对比实际学习情况与计划，自我反思，在期末总结计划完成情况。总之，要实现学生在外语学习中的自主，关键是要创造外语自主学习的环境，突破“花盆”的束缚，教师要拿捏好分寸，不要过度束缚学生，但也不要对学生放任自流，要对学生充满信心，提供学生自主学习的资源，帮助学生养成自主学习的习惯，进而提高外语教学的效率。

最后，要打破课堂教学中“花盆”的束缚，形成开放式课堂，信息化教学提供了海量的信息，拥有丰富的信息形式，增强了学生对外语学习的兴趣。同时，多媒体技术可以为学生提供更多真实性的材料，还可以模拟现实的世界，其目的就是能够让学生在这种再造的语言环境里积极主动地学习。但这种学习也有其局限性，学生缺乏实际使用的应变能力，因此要打破课堂环境下“花盆”的限制，将学生的学习置于更广阔的、开放的生态系统中去。一方面，教师应当借助网络等信息技术构建慕课平台、学习资源库、学习交流论坛等，或将之整合为一个外语学习应用程序，为学生创造一个资源丰富、互动多样的虚拟学习社区，以便他们进行在线自主学习，自由便捷地交流学习问题，同时培养他们自主学习能力、合作交流能力、信息处理能力等。另一方面，教师要把教学延伸到社会中去，引导学生走出教室的小环境，进入社会的大环境，将内在的知识转化为外在的应用。教师可以根据课堂的教学知识，给学生布置一些相关的实际任务，访谈学校的留学生，协助本地召开的国际会议等。外语教学需要打破封闭的课堂花盆教学，将知识的获取延伸到社会，教师还要参与信息化资源平台的建设，引导并促使学生充分利用相关资源来形成开放式的教学模式。

（五）构建开放和谐、多维互动的语言环境

大学外语教学生态系统中的生物体即教师、学生等，并非彼此孤立，而是相互联系，并且与教学环境紧密关联着的。师生等生物体与教学环境之间相互影响，师生导致的教学环境的变化也会影响师生的教学，需使两者相互促进、协同发展。因此，要关注教学环境中的物质与人文环境因素的影响。

课堂是教学中的主体，即教师和学生与环境，即教师和其中的教学设施互动而构成的基本系统。课堂生态是由教师、学生和教学环境三种要素组成。大学外语课堂的物质环境不仅影响着师生的身心健康，还制约着学生外语学习能力的发展。因此，课堂良好的物质环境能激发学生参加课堂活动的兴趣。大学外语教学的课堂本身就类似于一个小型的自然生态系统，不仅要有宽阔的场地，还要有合适的温度、光线、湿度等自然因素。不仅要各种环境因素达到一定的标准，还要彼此协调，才能增进学生对于学习环境的舒适度和听觉方面的敏感度，使学生的学习和活动在最大效率下进行。教室内座位的编排在课堂这个生态系统中，时时刻刻都在进行着多方面的交互活动，使课堂呈现出动态的特征。试想一下，在大学外语的课堂中，教师采取情境教学法，规定对话情境让学生使用外语扮演角色进行交际，此时成排的桌椅占据了教室大部分空间，必然会限制学生的演绎和对话。因此，为了使不同类型和形式的教学活动顺利开展，教室内座位可以不固定，教师可以按具体的活动要求自行编排。课堂上师生的交往，不仅受座位编排的影响，还受班级规模的影响。在人数多的班级里，每个人与教师交流的机会少，学生的分心机会多，总会出现一些学习效率低的学生；在人数少的班级里，教师能注意到每个学生的学习情况，可以营造良好的课堂气氛，还能有机会适应个别化的需要，使学生学习外语的兴趣更为浓厚。因此，如果条件允许，应尽量控制班级规模。

构建开放互动的语言环境，还要注意营造语言学习的氛围。若是学习氛围乏味、严肃，学生就很容易走神，难以充分投入课堂互动当中；相反若是学习氛围轻松、愉快、活跃，学生就会积极与教师互动，开放思维，自由主动地思考。教师应该结合外语学习的特点，通过小组活动、演讲、表演等手段创设语言交际的情境。语言学习不是知识的机械灌输，而是多种因素构成的综合性的行为。用语言进行交际是语言的主要目标，它需要有语言的参与，因此教师要结合教材情境，努力做到“把教学情境真实化，把知识融入活动中”，通过创设真实的情境激励学生在交际的活动中主动去探索。

轻松愉快的心理环境也不容忽视。在教学中，不管是对教学活动的顺利开展，还是对师生的身心健康发展，轻松愉快的心理环境都非常重要。若是班级学风不正、学生之间关系紧张、师生之间充满隔阂，教学活动必然难以高效推进。因此，应当积极地构建轻松愉快的课堂信息环境。在实际的教学中，师生要共同努力，缩短师生之间的心理距离，增进师生间的情感沟通，共同营造一个有利于课堂交互和知识构建的班风，创造有利于多维互动的心理环境。

总之，语言学习离不开互动交流，优化大学外语生态环境教学必须构建多维互动的语言环境。课堂是让师生的主体性自由、和谐、自然发展的教育生态园。立足于生态学视角看待和分析大学外语教学环境，能够构建自然、平衡、和谐的教学生态系统，创造开放、轻松、自由、互动、活跃的外语学习环境，有助于学生以饱满的学习兴趣和热情参与课堂互动，促进他们的全面发展与个性发展。

（六）创建多元化的教学评价体系

教学评价是教学系统中的重要一环，能够全面准确评估并且有效提升教学质量，保证教学目标的实现。优化大学外语生态教学环境，也必须从教学评价入手，构建多元化的生态教学评价体系，兼顾大学外语教学的目标、模式、环境、主体等各个因素，以全面、准确、可信、有效的评价结果指导师生改进教与学的方法策略，促进教师的互动式教学，以及学生的自主探究性学习，以评促教，以教促学，将三者有机结合，共同促进大学外语教学质量的提升。第一，评价主体多元化。传统的教学评价以教师评价为主，学生没有参与其中，评价主体单一，仅从教师视角出发做出的评价显然不够全面，会导致一些教学问题被忽视。应当将更多的个体和群体引入评价主体，除了外语教师评价学生，还要让学生评价外语教师、评价自己以及同学，让同行教师、家长、教务人员以及专家参与评价，汇集众人的智慧，从多维视角审视大学外语教学，及时发现其中的问题，并找到良好的解决方法。第二，评价对象与内容多元化。应当抛弃以往仅关注教学结果的终结性评价，转向关注教学过程与学习表现的形成性评价。教学活动是教师的教与学生的学统一的活动，教学评价的对象与内容也要包含这两个部分。一方面，要将评价对象与内容从学生完成学习后的语言知识与技能水平拓展至学生的教学参与度、学习表现、学习态度、外语综合运用能力与跨文化素养等维度；另一方面，还要包括教师的教学方法与态度、教学环境的教学设备、文化氛围等。然后，评价方式多元化。以形成性评价方式与终结性评价方式结合、定性评价方式与定量评价方式结合，取代以往期末考试为主的评价方式。根据评价的目的，可以选择不同的评价方式，如写论文的方式、小组座谈的方式、课堂观察的方式、自我评价的方式等。另外，由于现代信息技术对大学外语教学的广泛使用，不少高校在使用网络教学平台，这些平台都有记录、跟踪的功能，这样更有利于对学生进行网络测评。不管选取哪一种评价方式，都要兼顾学生的日常学习表现，如小组活动贡献度、课上互动频率、作业完成情况、在线学习时长、课上测试成绩等，而非仅以期末成绩评价学生一学期的学习情况。

总之，网络信息技术接入后的教学评价是一个动态开放、多维的体系。在这个多元化的教学评价体系中，学生和教师处于平等的地位，他们既是教学的评价者又是被评价者，对大学外语教学的所有环节实施监督与评价。在实际的教学中，一定要适时地选取合理的评价方式和评价内容来呈现多元化评价体系的生态功能。

参考文献

[1] 张治海．外语教学与课程设计 [M]．哈尔滨：哈尔滨出版社，2021．

[2] 方静，王瑞琪，冯凌云．外语教学与模式研究 [M]．长春：吉林人民出版社，2021．

[3] 梁乐乐．话语分析与外语教学 [M]．长春：吉林人民出版社，2021．

[4] 矫婷羽．高校外语教学研究 [M]．北京：新华出版社，2021．

[5] 索佳丽，韩威．外语教学与文化研究 [M]．南昌：江西科学技术出版社，2020．

[6] 孙有中，廖鸿婧，郑萱，等．跨文化外语教学研究 [M]．北京：外语教学与研究出版社，2020．

[7] 扎拉特．外国观与外语教学 [M]．谢咏，刘巍，译．上海：上海人民出版社，2019．

[8] 骆洪．外语教学与语言研究 [M]．重庆：重庆大学出版社，2019．

[9] 李培东．外语教学原理与实践研究：共时视角 [M]．银川：宁夏人民出版社，2019．

[10] 朱虹，赵建洪，杨惠媛，等．外语教学与研究论文集 [M]．天津：天津大学出版社，2021．

[11] 廖怡然．外语跨文化人才培养模式构建：基于在地国际化视角 [J]．高等教育研究学报，2023，46（4）：30−35．

[12] 战双鹃，许文丽．SPOC 混合教学模式下高校外语课程学习焦虑研究 [J]．当代外语研究，2023（6）：118−126．

[13] 张艳波．智慧教育时代下外语教学多元化评价体系构建研究 [J]．湖北开放职业学院学报，2023，36（24）：179−181．

[14] 周莹．国际传播视域下外语人才培养模式研究 [J]．中国报业，2023（24）：84−85．

[15] 阮国艳．地方高校基于 POA 大学外语教学模式研究 [J]．赤峰学院学报（自然科学版），2023，39（12）：71−74．

[16] 郑瑶菲．高校外语慕课课堂多模态教学模式研究[J]．大学，2023（35）：164—167．
[17] 陈舒梦．大语言模型在外语教学中的应用研究[J]．长春师范大学学报，2023，42（11）：170—173．
[18] 郭艳平．外语阅读教学中的审美意识培养[J]．品位·经典，2023（21）：145—147．
[19] 陈坚林，秦枫．试论元宇宙背景下的外语教学研究[J]．北京第二外国语学院学报，2024，46（1）：99—108．
[20] 张楠，贾竑．产出导向法在外语教学领域的应用研究综述[J]．佳木斯大学社会科学学报，2023，41（5）：196—200．
[21] 刘思佳．大学外语线上课程学生参与现状及影响因素研究[D]．沈阳：辽宁大学，2022．
[22] 董芳．输出驱动—输入促成下的大学外语口语任务型教学模式研究[D]．哈尔滨：黑龙江大学，2018．
[23] 顾露雯．通识教育视野下我国大学外语课程改革研究[D]．南京：南京大学，2016．
[24] 邹心胜．大学外语教育的理论与实践探索[D]．武汉：华中师范大学，2014．
[25] 崔博．同伴学习与同伴评估在大学外语口语教学中的应用与研究[D]．大连：辽宁师范大学，2014．
[26] 魏芳．语言教育规划视角中的大学外语教育政策研究[D]．天津：南开大学，2011．
[27] 石喜春．教学策略在大学外语听说教学中的应用[D]．长春：长春理工大学，2010．
[28] 黄敏娥．大学外语课堂教学中母语使用情况的研究[D]．南京：南京师范大学，2006．
[29] 陈杰．学习风格研究及其对大学外语课堂教学的启示[D]．长春：吉林大学，2005．
[30] 李平．大学外语目标教学管理模式构建[D]．济南：山东师范大学，2005．